D1722210

FRIEDRICH BRANDL
GLOCK'N'ROLL

1. Auflage 2012
© lichtung verlag GmbH
94234 Viechtach   Postackerweg 10
www.lichtung-verlag.de
Alle Rechte vorbehalten
Umschlaggrafik: Ina Meillan
Herstellung: DRUCK Team KG Regensburg
ISBN 978-3-929517-95-8

Die Herausgabe des Buches wurde gefördert vom
Kulturreferat der Stadt Amberg und den Amberger
Firmen Autohaus Peter und Brauerei Kummert.

Friedrich Brandl

Glock'n'Roll

Eine Jugend im Schatten
der Martinskirche

Illustrationen von
Ina Meillan

edition lichtung

Meinem Bruder Hans

Lederergasse Nr. 4

Jetzt hatte ich nur noch 125 Schritte zur Martins-
kirche. Wir waren in die Lederergasse gezogen.
Noch weiter ins Zentrum von Amberg. Fast zum
Marktplatz. Jetzt war ich kein Ziegelgassler mehr.

Die neue Wohnung kam mir im Vergleich zu der in
der Ziegelgasse riesengroß vor. Es gab eine Küche
mit einem Gasherd, ein großes Schlafzimmer für
meine Eltern, ein Wohnzimmer, das unbeschreib-
liche 30 Quadratmeter hatte, und ein eigenes,
richtiges Zimmer für meinen Bruder und mich.
Eine Schlafcouch stand im Wohnzimmer für meine
Schwester.
Auf dem Gang der Holzaltane war nun ein Wasser-
klosett, ein großer Fortschritt gegenüber der alten
Wohnung. Leider hatte aber auch diese Wohnung
kein Bad, sodass weiterhin das Waschen aus einer Waschschüssel oder am Spülbecken in der
Küche erfolgen musste. Was für mich als Kind
lustig gewesen war, dieses Waschen und Baden in
einer Zinkwanne, empfand ich jetzt als peinlich.
Schließlich waren wir in der Wohnung zu fünft,
vier Erwachsene und ich, ein Junge, der voll in
der Pubertät war.
Das Mobiliar des Wohnzimmers, ein mächtiges,
fast schwarzes Buffet, einen Ausziehtisch mit
ledergepolsterten Stühlen, eine Standuhr und einen
schwarzen Sekretär, hatten meine Eltern von der

verstorbenen Vormieterin günstig übernehmen können. Auch so manch andere brauchbare Gegenstände wie Gläser und Geschirr waren in ihren Besitz gekommen.

Das Wohnzimmer hatte einen Erker, den man über zwei Holzstufen betreten konnte. Von einem seitlichen schmalen Fenster des Erkers sah man die Martinskirche. Diese Nähe war für mich unheimlich praktisch, war ich doch seit meinem zehnten Lebensjahr Ministrant. Wie oft hatte ich mich gefürchtet, wenn ich im Herbst oder Winter noch im Dunkeln von der Ziegelgasse aus zur Frühmesse eilen musste. Da hatte ich es jetzt einfacher: nur mehr über den Marktplatz zur Kirche. Auch für meine Mutter, die ja keinen Tag die Heilige Messe ausließ, war es jetzt bequemer.

Die Lederergasse ist nur ein paar Minuten von der Ziegelgasse entfernt, sodass wir beim Einkaufen fast allen unseren Geschäften treu blieben: dem „Weiß am Ziegeltor", einem Lebensmittelgeschäft, dem Bäcker Bernreuter und dem Metzger Daller. Noch näher, nur ein paar Schritte weiter in der Löffelgasse, war zwar auch eine Metzgerei, aber da sollte ich nicht einkaufen, hatte mir meine Mutter eingeschärft. Zusätzlich zu diesen kleinen Geschäften gab es welche am Marktplatz, das Kaufhaus Storg und Kaiser's Kaffeegeschäft in der Georgenstraße.

Auch sonst hatte diese Nähe zum Stadtzentrum für mich so manche Vorteile. Da gab es seit ein paar Jahren an der Ecke vom Marktplatz zur Lederergasse das „Santin", eine italienische Eisdiele, die bald zum beliebten Treffpunkt für meine Freunde und mich wurde.

Als ich dreizehn war, hatte mein Bruder meine taschengeldlose Zeit beendet. Meine Eltern feierten Silberhochzeit. Ich malte ihnen einen Strauß Blumen, kaufen konnte ich keinen. Damit ich echte Blumen mit dazulegen konnte, gab mir mein Bruder Geld dafür. Das war keine einmalige Angelegenheit. Von da an bekam ich von ihm jeden Monat fünf Mark. Da konnte ich mir jetzt auch manchmal eine Cola im Santin leisten.

Auf die Wohnung im ersten Stock in der Lederergasse Haus Nr. 4 hatten meine Eltern schon lange spekuliert. Aus der Altstadt wollten sie nicht weg und so manche moderne Wohnung in einer Neubausiedlung am Stadtrand, die meinen Eltern angeboten wurde, war meinem Vater zu teuer. Immer wieder hatte meine Mutter beim Pater Humilis, einem der Franziskanermönche des Klosters auf dem Mariahilfberg, vorgesprochen. Das Haus in der Lederergasse gehörte nämlich dem sogenannten Dritten Orden und Pater Humilis verwaltete es. Diese Wohnung war von einer alleinstehenden, alten Frau bewohnt worden, von der es hieß, dass sie krank sei und nicht mehr lange leben würde. Nach ihrem Tod, so hatte man meinen Eltern versprochen, könnten wir dort einziehen. Man hatte also auf das Ableben der alten Dame gewartet. Wir, die wir umziehen wollten. Der Schuster-Onkel für seine Kinder. Der Schuster-Onkel, der im Erdgeschoss des Hauses in der Ziegelgasse seine Schusterwerkstatt hatte und dem das Haus seit dem Tod meiner Großmutter gehörte, hatte Eigenbedarf angemeldet. Er brauchte Platz für seine beiden verheirateten

Kinder und deren Familien. Doch bis meine Eltern eine andere Wohnung gefunden hatten, dauerte es. Ich glaube, das zog sich mindestens ein Jahr hin. Im Winter 1959 war es dann soweit, dass die alte Frau das Zeitliche segnete. Nach einigen Renovierungsarbeiten konnten wir bald darauf einziehen.

Die Wohnung in der Ziegelgasse war ja auch auf Dauer zu klein, obwohl ich das nie so empfunden hatte. Wir hatten dort nur zwei Zimmer: eine Wohnküche und ein großes Schlafzimmer. Das Schlafzimmer war noch unterteilt, sodass mein Vater sich in dem abgetrennten Raum seine Schneiderwerkstatt eingerichtet und meine Schwester Marianne dort einen Schlafplatz hatte. Für meinen um zehn Jahre älteren Bruder Hans und mich war auf dem Gang, der zur Altane führte, durch einen Holzverschlag ein „Zimmer" abgezweigt worden. Auf dem Gang befanden sich auch das Plumpsklo und der Wasserhahn, wo alle Hausbewohner das Wasser zum Kochen und Waschen holen mussten.

Als Schneider war mein Vater nicht selbstständig, sondern er arbeitete in der Schneiderei beim Grenzschutz und später bei der Bundeswehr in der Kaiser-Wilhelm-Kaserne. Manchmal hatte er nebenbei noch kleine Änderungsaufträge von Bekannten. Oder er nähte mir eine „neue" Hose, was mir gar nicht so recht war. Denn das, was mein Vater schneiderte, war mir nicht modern genug. Der hatte ja die Mode noch von vor dem Krieg im Kopf. Oder gar die aus seiner Gesellenzeit, wo er auf der „Walz" war. Manchmal, wenn er gut aufgelegt war, erzählte er mir davon.

Wie er von Stadt zu Stadt und von Meister zu
Meister gezogen war, den Rhein flussabwärts von
Speyer über Köln bis hinauf nach Xanten. Wie
er immer für ein paar Tage oder Wochen in einer
Stadt gearbeitet hatte und dann wieder weiterge-
wandert war. Manchmal dachte ich, dass ihm das
wohl sehr viel Spaß gemacht haben muss, dieses
„Auf-der-Walz-Sein", so begeistert wie er davon
erzählte. Dann zeigte er mir immer voller Stolz den
Wanderstock, der mit Blechplaketten aus den Städten, wo er sich aufgehalten hatte, verziert war.
Für meinen Vater als Schneidermeister war hauptsächlich die Qualität des Stoffes ausschlaggebend,
nicht das Aussehen. Das hatte wohl mit seiner Ausbildung zu tun. Das merkte man auch noch Jahre
später. Oft ließ er es sich nicht nehmen, mitzuge-
hen, wenn ich mir eine Hose oder einen Mantel
kaufen wollte. Da nahm er dann den Stoff des Klei-
dungsstückes zwischen seine Finger, fühlte, begut-
achtete, führte mit dem Verkäufer Fachgespräche,
ließ sich andere Stoffe zeigen, wollte handeln. So
etwas wie eine Jeans kam für ihn überhaupt nicht
in Frage.
Mir war das immer schrecklich peinlich.
Schon meinen Kommunionanzug hatte er selbst
geschneidert. „Des kummt billiger und hält a länger", waren seine Worte, die keine Widerrede dul-
deten. Was soll denn ein Kommunionanzug schon
lange halten? Höchstens noch bis zum nächsten
Jahr zur Firmung. Dann passt er einem doch eh
nicht mehr. Und anziehen konnte man den sowieso
nur drei-, viermal im Jahr. An Fronleichnam, bei
der traditionellen Lichterprozession vom Bergfest
auf dem Mariahilfberg, wenn die Kommunion-

kinder mitgingen, und höchstens noch bei einer feierlichen Maiandacht. Ich vergoss manche Träne, weil ich doch unbedingt auch einen modernen Anzug wollte, so wie ich ihn in den Schaufenstern ausgestellt sah.

Auch später bekam ich von meinem Vater einen Anzug. Keinen gekauften modischen, sondern einen selbstgeschneiderten, grauen. Ja, als Teenager trug ich sonntags Anzug, natürlich mit Krawatte. Für solche Schneiderarbeiten brauchte mein Vater seine kleine Werkstatt. Nur an Weihnachten bekam sie eine andere Bestimmung und an Stelle der Nähmaschine stand nun der Christbaum. Auf dem Schneidertisch waren die Geschenke ausgebreitet und auf der Ablage vor dem großen Anprobierspiegel war das Kripperl aufgebaut. Auf meine Schwester war ich dann so richtig neidisch, weil sie in diesem Weihnachtszimmer schlafen durfte.

Jetzt in der Lederergasse hatte mein Vater keine Schneiderwerkstatt mehr.

Das Wohnzimmer war so groß, dass es mir anfangs wie ein Tanzsaal vorkam. Und zum Tanzsaal wurde es auch oft. Mein Bruder, der seine Lehre als Industriekaufmann bei der Luitpoldhütte hinter sich gebracht und jetzt schon einige Jahre ausgelernt hatte, kaufte einen Dual-Plattenspieler.

Meine Schwester hatte ihre Lehre als Verkäuferin beim Kaufhaus Storg beendet. Sie war dabei einen Tanzkurs zu machen. Da brauchte sie daheim jemanden zum Üben. Ich kam ihr dabei gerade recht, da ich mit meinen dreizehn Jahren schon verhältnismäßig groß war.

Auch wenn man mit dreizehn noch nicht zu den Jugendlichen zählte, so war man doch Teenager. Und ein Teenager hatte ganz andere Interessen als das Kind, das ich noch in der Ziegelgasse war. Als Teenager hörte man Hitparade und nicht mehr das Betthupferl. Als Teenager lief man nicht mehr verschwitzt und mit dreckigen Knien auf der Straße herum, sondern legte Wert auf sein Äußeres. Ich stand vor dem Spiegel. Jeder kleinste Pickel im Gesicht versetzte mich in Aufruhr. Mit Wasser versuchte ich meine Haare in die richtige Form zu bringen, was meist nicht gelang. So legte ich mir dann einen modischen Bürstenhaarschnitt zu. Als Teenager spielte man nicht mehr Versteck im Stadtgraben, sondern schaute sehnsüchtig den Mädchen nach und begeisterte sich für die Songs von Peter und Conny oder von Elvis. Als Teenager sang man „Marina", „Tom Dooley" und „Sugar Baby".

In unserem Tanzsaalwohnzimmer brachte mir meine Schwester die ersten Tanzschritte bei. Sie übte mit mir den Fox oder den Walzer. Gerade das, was sie eben in der Tanzstunde gelernt hatte. Zu „Die Gitarre und das Meer" und „Ein Schiff wird kommen" folgte ich als gelehriger Schüler den Schritten meiner Lehrmeisterin.

Und ich lernte recht schnell. Natürlich auch den Rock'n'Roll. Da wackelten dann im Wohnzimmerschrank die Gläser.

Die Wohnung in der Lederergasse hatte im Wohnzimmer und in der Küche je einen Kohleofen. Später wurden diese durch Ölöfen ersetzt. Das Zimmer von meinem Bruder und mir war nicht beheizt. Es lag über dem Hauseingang, der direkt gegenüber dem Café Raab im Kommandantengässchen war. Im Winter war es saukalt und oft genug war das Fenster ganz voller Eisblumen, beim Aufwachen die Bettdecke manchmal sogar mit Raureif überzogen.

Trotzdem, es war ein eigenes Zimmer mit einem Bett und einer Schlafcouch, einem großen alten Schreibtisch und einem Schrank. Manchmal ließen meine Eltern die Tür vom Wohnzimmer offen, damit unser Zimmer etwas Wärme abbekäme, was mir aber gar nicht so recht war. Ich wollte allein sein, wenn ich ins Bett ging. Mein Bruder war ja um diese Zeit meist eh noch nicht zu Hause. Da wollte ich es schon genießen, ein Zimmer für mich zu haben. Da wollte ich ungestört sein. Da nahm ich es lieber in Kauf, ein kaltes Zimmer zu haben, dafür aber mein eigenes Reich.

Ich musste auf der Schlafcouch liegen, solange mein Bruder noch unverheiratet war und bei den Eltern wohnte. Erst 1964, als Hans geheiratet hatte und in eine eigene Wohnung zog, hatte ich das Zimmer dann ganz für mich. Jetzt sogar ein Bett und eine Couch.

Rock'n'Roll auf dem Straßenpflaster

Man traf sich im Santin. Man stenzte in der Stadt.
Besonders im Fasching.
Als Kind freute ich mich auf den Faschingssonntag, denn da gab es einen großen Faschingszug
durch die Stadt. Da war ich dann maskiert. Und
ich war begeistert, wenn von den Faschingswa-
gen Bonbons heruntergeworfen wurden. Auch die
Erwachsenen hatten wohl ihre Freude an diesem
Umzug, denn sie riefen dauernd „Oho! Oho!" und
lachten und winkten.
Für uns Teenager aber hatte der Faschingsdienstag
die größere Bedeutung. Da war in der Stadt die
Hölle los. Da zogen wir Jugendliche durch die
Georgenstraße. Natürlich nicht mehr als Indianer
oder Cowboys oder Clowns. Ein lässiges Halstuch,
eine verwegene Mütze. Das genügte.
Oft gab es kaum mehr ein Durchkommen, so dicht
waren die Menschenmassen. Wir bildeten Ketten
quer über die Straße und zogen durch die Stadt,
vom Marktplatz die Georgenstraße hinauf zum
Malteserplatz. Dann wieder zurück, was natürlich
schwer war, weil uns da andere Jugendliche ent-
gegenkamen.

Über vielen Geschäftseingängen hingen Lautsprecher und davor hatten sich Menschentrauben
gebildet. Aus den Boxen tönten die neuesten Hits,
zu denen auf der Straße getanzt wurde. Natürlich

Rock'n'Roll. Manchmal auch Fox. Später dann
Twist. Dicht gedrängt standen wir um die Tanzen-
den, feuerten sie an, klatschten im Rhythmus.
Besonders heiß ging es vor dem Radiogeschäft
Schmeißner her. „It's Now or Never", „Hello Mary
Lou", „Ramona", „Let's Twist Again".
Endlich hätte ich zeigen können, was mir meine
Schwester daheim im Wohnzimmer an Tanzschrit-
ten beigebracht hatte. Doch ich traute mich nicht.
Noch nicht.
Meine Freunde schon von Kindheit an, der Peter,
der Leo, der Edi und ich standen in den Reihen
der Teenager, die sich um die Tanzenden her-
um gebildet hatten, und schauten zu. Bei einem
Rock'n'Roll nahm ich meinen ganzen Mut zusammen und mischte mich unter die Tänzer. Es waren
keine einzelnen Pärchen, sondern mehrere Mädchen und Jungen.
Schon fasste ein Mädchen nach meiner Hand und
wir rockten drauf los. Ich wirbelte sie herum. Ich
drehte mich. Ich fasste nach ihrer anderen Hand.
Ganz so wie es mir meine große Schwester beigebracht hatte. Meine Freunde kamen aus dem
Staunen gar nicht mehr heraus.
Nach diesem Rock'n'Roll auf dem Straßenpflaster
wurde die Musik langsamer. Jetzt wurde paarweise
getanzt. Zum Kneifen war es zu spät. Also versuchte ich es. Schließlich hatte mir meine Schwester ja
auch den Fox gelernt. Und es klappte gut.
An diesem Faschingsdienstagnachmittag konnte
ich gar nicht genug kriegen vom Tanzen. Was war
das für ein Erlebnis! Da konnten die Räuber-und-
Schandi-Spiele von der Allee nicht mithalten.
Selbst das Versteckspiel mit den Mädchen nicht.

Nicht einmal das Fußballspielen im Stadtgraben.
Ich glaube schon, dass meine Freunde ein wenig
neidisch waren. Der Peter und der Leo hatten keine
ältere Schwester. Der Edi hatte zwar eine, aber die
hatte ihm nicht das Tanzen beigebracht. Nur ich
konnte es.
Tanzen in aller Öffentlichkeit! Mit noch nicht einmal vierzehn. Ich war so richtig zufrieden mit mir
und ein bisschen stolz.

An manchen Sonntagnachmittagen kamen Freundinnen und Freunde meiner Geschwister zu uns
in die Wohnung. Meine Mutter kochte eine große
Kanne Tee. Ab und zu war auch vom Sonntags-
kuchen noch etwas übrig. Oder meine Mutter
schmierte Mettwurstbrote.
Schallplatten hatte jeder mitgebracht. Der Plattenspieler war ja da. Und im Wohnzimmer war Platz
genug. Schnell war der Tisch zur Seite gestellt,
damit die Tanzfläche größer wurde.
Manchmal verdrückten sich einige Pärchen zum
Tanzen nach nebenan in das Zimmer von meinem
Bruder und von mir, besonders wenn es gegen fünf
draußen schon dämmerte. Da war es dann in diesem
Zimmer fast dunkel. Nur der Lichtschein der Wohn-
zimmerlampe kam durch die offene Tür ein wenig
hinein. Das sollte auch genügen. Man achtete darauf, dass die Tür nicht zu weit offen stand.
Ich wurde bei den Freundinnen meiner Schwester
zum begehrten Tanzpartner. Das genoss ich natürlich.

Wieder einmal war Tanztee in der Lederergasse.
Eine Freundin meiner Schwester war ganz begeis-

tert von meinen Tanzkünsten. Immer wieder wollte
sie mit mir tanzen. Auch dann, als langsame Stücke
gespielt wurden. Ganz eng tanzte sie mit mir im
fast dunklen Zimmer, für mich eine total neue Erfahrung.

Sie hatte ihre Arme um mich gelegt. Das Zimmer
bot nicht allzu viel Platz. Und wenn drei Pärchen
dort tanzten, dann wurde das mehr zu einem Hin-
und Herwiegen.

Die Annette war jetzt ganz nah bei mir. Mir wurde
heiß und kalt zur selben Zeit. Kurz vor Ende des
Stücks, als die Musik immer langsamer wurde,
spürte ich plötzlich ihre Lippen. Sie gab mir einen
Kuss. Direkt auf den Mund. Ganz weich hinge-
haucht. Ich glaubte zu träumen.

Doch dann war es auch schon wieder vorbei: die
Musik, das Tanzen, der Kuss. Mein Bruder schal-
tete das Licht an, klatschte in die Hände und rief
„Partnerwechsel". Wahrscheinlich wollte er auch
mit der Annette tanzen.

Für uns 14-, 15-Jährige war allein der Faschingsdienstag das Besondere. Als wir 16, 17 und gar
18 waren, wurde die ganze letzte Faschingswoche
echt anstrengend: Fast jeden Abend gingen wir als
Clique irgendwo hin.

Die meisten meiner Freunde hatten jetzt im
Jugendheim St. Martin auch einen Tanzkurs mit-
gemacht. Ich brauchte das nicht. Ich konnte ja
schon tanzen.

Das Goldene Lamm war schon seit längerem
unser Stammlokal. Es lag nahe bei der Martinskirche und wir kehrten sonntags nach der Messe
dort zum Frühschoppen ein. Die Mutti, wie wir

die ältere Bedienung dort nannten, schickte uns schon immer rechtzeitig nach Hause.

Am Donnerstag gab es dort einen Hausball. Natürlich wurde es spät und am nächsten Tag mussten wir in die Arbeit. Unausgeschlafen. Am Freitag war Faschingstanz im Jugendheim der Pfarrei Dreifaltigkeit, wo die neugegründete Band „Die Snobs" spielte. Diese Band hatten wir dann am Samstag in unserem Jugendheim in St. Martin zu Gast. Samstag und Sonntag konnte man wenigstens ausschlafen. Das mit dem Jugendschutz war kein Problem. Es waren keine öffentlichen Veranstaltungen.

Am Faschingssonntag war im Josefshaus, im größten Saal von Amberg, der traditionelle Lumpenball. Und dementsprechend maskierten wir uns, was zur damaligen Zeit sehr einfach war, denn alte, abgetragene Kleidungsstücke gab es zuhause genug. Da wurde nichts weggeworfen. Schließlich hätte der Vater ja noch was daraus schneidern können. Spät wurde es auch am Lumpenball.

Müde saß ich am nächsten Tag im Büro an meinem Schreibtisch. „I Want to Hold Your Hand" klang immer noch in meinen Ohren oder „Marmor, Stein und Eisen bricht". Doch den anderen Mitarbeitern ging es nicht viel besser. Die meisten waren auch irgendwo auf dem Fasching gewesen.

Am Abend wollte ich aber wieder fit sein für den Rosenmontagsball. Das war ein Schwarz-Weiß-Ball. Die Mädchen kamen im Tanzkleid oder in dunklem Rock und weißer Bluse, wir, die Jungs, im Anzug, weißem Nyltesthemd und Krawatte. Nyltesthemden waren aus pflegeleichter Synthetikfaser und damals der letzte Schrei.

Man brauchte sie zum Waschen nur einmal durchs Wasser ziehen, über Nacht auf einen Bügel hängen und dann konnte man sie am nächsten Tag sofort wieder anziehen.

Sie hatten aber auch große Nachteile: im Sommer schwitzte und im Winter fror man fürchterlich. Auch müffelten sie sehr schnell und bekamen unter den Achseln gelbe Flecken. Aber wenn beim Tanzen das Licht etwas abgedunkelt war und blaue Scheinwerfer auf das Parkett gerichtet wurden, dann leuchteten und funkelten wir.

An diesem Abend wurde am Tisch nur Wein getrunken, Himmlisches Moseltröpfchen, für acht Mark die Flasche. Und die teilten wir uns mindestens zu viert. Das musste dann den ganzen Abend reichen zu den Klängen von „Rote Lippen soll man küssen" oder „Memphis Tennessee". Wenn der Durst aber zu groß wurde, verdrückten wir uns für kurze Zeit ins Gastzimmer vom Josefshaus und tranken dort eine Radler oder ein Gwasch, wie wir das Cola-Mix-Getränk nannten.

Am Faschingsdienstag ging es nochmals richtig zur Sache. Faschingskehraus. „Satisfaction". Das einzig Traurige daran, dass pünktlich um Mitternacht Schluss war. Die Musikkapelle, im Josefshaus spielte meist ein Tanzorchester wie die Kapelle Riedhammer aus Schwandorf oder das Kolpingstanzorchester aus Regensburg, hörte Schlag zwölf Uhr auf.

Da gab es keine Ausnahmen. Schließlich war Aschermittwoch angebrochen. Und jetzt war Fastenzeit. Die wurde natürlich eingehalten.

Ich kann mich nicht erinnern, dass es damals in der Fastenzeit oder im Advent Möglichkeiten für öffentliche Tanzveranstaltungen gegeben hätte.
Das Jahr hatte seinen festen Ablauf. Dazu gehörten das Ausgelassensein im Fasching, der Maitanz, ein Sommernachtsball und der Kirchweihtanz. Und dann war da noch der Kathreintanz, kurz vor dem Advent, am letzten Samstag vor dem 25. November, dem Namenstag der Heiligen Katharina.
„Kathrein stellt den Tanz ein".
Das war Tradition. Und an die hielten wir uns.

Wenn des mei Vadda siecht

Mit vierzehn kamen wir uns ja schon reichlich erwachsen vor: der Peter, der Edi, der Leo, der Rudi, der Willi und ich. Wir waren die Gruppe Gabriel bei den Ministranten von St. Martin.

Für den Peter, den Willi und den Rudi ging im Sommer die Volksschulzeit zu Ende und sie begannen eine Lehre. Der Edi und der Leo mussten noch ein Jahr in die Handelsschule gehen. Ich besuchte zu der Zeit noch die 3. Klasse der Oberrealschule.

Zu Beginn der großen Ferien hatten wir vor, mit den Rädern in den Oberpfälzer Wald nach Trausnitz zu fahren und unterhalb der Burg zu zelten. Allerdings wollten wir das ohne unseren Gruppenführer Gert machen. Der hatte bei der Post keinen Urlaub bekommen, was uns sehr recht war.

Die Jugend von St. Martin hatte seit einigen Wochen ein neues Zelt, eine schwarze Kohte. Diese bestand aus vier Zeltbahnen, sodass sie leichter zu transportieren war. Beim Aufbau musste man diese vier Teile erst an Schlaufen zusammenknüpfen. Oben war die Kohte offen und in diese Öffnung wurde ein Holzkreuz gespannt. Daran befestigte man ein Seil und hängte damit das ganze Zelt an zwei überkreuzte, lange Holzstangen. Durch die Spannung blieben die Stangen und das Zelt stehen. Es hatte keinen Boden, sodass man auch ein kleines Feuer darin schüren konnte, dessen Rauch durch die Öffnung oben abzog. Zum Schutz gegen Regen gab es eine kleine Plane zum Abdecken des Zugloches. Sechs bis acht Personen fanden in so einem Zelt Platz.

Wir hatten uns selbst dazu auserkoren, diese Kohte als Erste zu benutzen, quasi einzuweihen. Den Transport mit unseren Rädern nach Trausnitz schafften wir problemlos.

Beim Aufbau stellte sich dann aber heraus, dass es besser gewesen wäre, diesen vorher zu üben. Irgendwie mussten wir was falsch gemacht haben. Als es am zweiten Tag regnete, tropfte es an etlichen Stellen seitlich herein. Wir zogen deshalb noch nachts um in die Burg, in der die Jugendherberge untergebracht war. Am nächsten Morgen versuchten wir das Missgeschick zu beheben, was uns aber nicht vollkommen gelang.

Wir badeten im Stausee an der Pfreimd, wanderten zum Hochspeicher, besichtigten das Kraftwerk und natürlich schürten wir jeden Abend Lagerfeuer. Zum abendlichen Feuer gesellten sich drei Mädchen aus Kötzting zu uns, die in der Jugendherberge ein paar Ferientage verbrachten. Da diese drei, die Helga, die Fritzi und die Linde, schon etwas älter waren als wir, machte es uns unheimlich stolz, dass die sich mit uns Jüngeren abgaben. Heimwärts radelten wir sogar einen Umweg von zehn Kilometern, damit wir die drei noch bis Schwarzenfeld begleiten konnten. Erst dort verabschiedeten wir uns voneinander. Die drei Mädchen fuhren Richtung Cham nach Hause. Wir zurück nach Amberg.

Die Nachricht, dass wir Abende am Lagerfeuer mit Mädchen verbracht hatten, war bis nach Amberg zu unserem Gruppenführer und zum Kaplan gedrungen.

Es gab reichlich Zoff. Das ließ uns aber kalt.

Wir waren stolz. Natürlich auf uns.

Und je mehr Gerüchte über dieses Zelten bei der Burg Trausnitz aufkamen, desto wichtiger kamen wir uns vor. Es muss wohl der Herbergsvater gewesen sein, der auf Nachfragen aus Amberg geplaudert hatte. Uns fünf hat das noch mehr zusammengeschweißt als wir es eh schon waren.

Wieder einmal saßen wir im Santin an unserem Lieblingsplatz, dem Tisch gleich rechts neben dem Eingang. Von dort hatte man einen guten Überblick über den ganzen Marktplatz. Wir schwelgten in Erinnerungen an das Zelten in Trausnitz.

Der Willi, der da leider nicht mit dabeigewesen war, bekam große Augen. Vor allem als Peter behauptete, er hätte von der Fritzi einen Kuss bekommen. Das glaubten wir ihm aber nicht. Das hätten wir doch mitbekommen!

Einer nach dem anderen von uns war in diesem Jahr vierzehn geworden. Vom Edi stammte dann die Idee mit der Geburtstagsfeier. Noch nie hatten wir zusammen einen Geburtstag gefeiert. Das war damals, zumindest in unseren Familien, nicht üblich.

„Mei Vadda hot in Krumbach an groußn Goartn. Des war as richtige für uns. Dou könnt ma mitanand feiern." Natürlich waren wir sofort von Edis Idee begeistert, gerade nach den gemeinsamen

Zelterlebnissen. „Glei heit Abend frag ich mein Vadda."

Als wir uns wenige Tage darauf wieder trafen, wollte natürlich jeder sofort wissen, wie es denn ausschaue mit der Feier.
Der Edi druckste herum. Dann rückte er heraus.
„Also, mei Vadda dat des scho erlaubn. Aber es mäißat oa Groußa mit dabei sa."
Auf der Stelle begannen wir zu überlegen, wer da in Frage käme. Unseren Gruppenführer wollten wir da lieber nicht dabeihaben. Es sollte ja schließlich keine Ministrantenstunde werden. So überlegten wir weiter und kamen schließlich auf den Norbert. Der war zwar auch bei den Ministranten, doch einige Jahre älter als wir und sehr umgänglich.
Ich sollte ihn fragen. Das machte ich auch umgehend. Und der Norbert sagte zu.
Jetzt stand unserer Geburtstagsfeier nichts mehr im Wege und es musste nur noch der Tag festgelegt werden und was jeder mitzubringen hätte. Brot, Wurst- und Käseaufschnitt, Essiggurken, Getränke. Ja, was trank man so als 14-Jähriger? Cola, Limo, vielleicht ab und zu eine Radler. Alles besprachen wir genau.

Für nächsten Samstagabend war die Feier geplant. Das Wetter passte.
Wir trafen uns am späten Nachmittag im Jugendheim. Jeder hatte einen kleinen Rucksack mit Essenssachen dabei. Das Limo wollten wir erst in Krumbach im dortigen Gasthaus kaufen, um uns die Schlepperei zu ersparen. Zu Fuß zogen wir los. Etwa eine Stunde brauchten wir, bis wir die Stadt

hinter uns gelassen und das nahe, kleine Dorf erreicht hatten.

Der Garten von Edis Vater lag am hinteren Ortsrand. Dichte Hecken umsäumten das große Grundstück. Ein gerader Kiesweg führte zu einem Gartenhaus mit einer kleinen, mit Blumenstöcken geschmückten Veranda, links und rechts gesäumt von Gemüsebeeten: Salat, Kohlrabi, Zwiebeln, gelbe und rote Rüben, Tomaten. Daran schlossen sich Erdbeerbeete und kleine Blumenrabatten an, die wiederum von Beerensträuchern aller Art begrenzt waren. Auch einige Obstbäume wuchsen im Garten.
Hinter dem Gartenhaus stand ein großes, hölzernes Fass unter einem Wasserhahn. Im Innenraum befanden sich an einer Wand die Gartengeräte. Daneben gab es aber noch viel Platz für einen großen Tisch und mehrere Holzstühle. In einer Ecke stand ein altes Sofa und unterhalb des Fensters ein Küchenkästchen mit Geschirr und Gläsern. Edis Vater musste eine Vorliebe für Zierpflanzen haben, denn überall sahen wir kleine Blumentöpfe mit winzigen Ablegern.
Edi gab uns genaue Anweisungen, was ihm sein Vater alles aufgetragen hatte, auf was wir aufpassen sollten.
Wir hatten jetzt großen Hunger und Durst und packten deshalb unsere Schätze aus. Schnell waren die Brote geschmiert, mit Wurst, Käse und Essiggurken belegt. Dazu gab es Limo oder Cola. Auch einige Spiele, die wir von den Gruppenstunden her kannten, machten wir.
So verrann die Zeit.

Ich weiß nicht mehr, wer noch andere Getränke mitgebracht hatte. Aber plötzlich standen eine Flasche Wermut und eine Flasche Kirschlikör auf dem Tisch.

„Des war aber niat asgmacht", protestierte der Norbert. Er konnte sich aber nicht durchsetzen.

„Kumm, jeda nur oan Schluck."

„Wos is des scho für so vül!"

Wir waren schließlich zu siebt.

Natürlich hatte niemand von uns Erfahrung mit Alkohol. Vielleicht am Heiligen Abend ein Glas Punsch, der aber meist mit Tee gestreckt war.

Beim Bierholen für den Vater mal einen Schluck. Das war es dann aber auch.

Zum zweiten Mal machte die Wermutflasche die Runde. Jeder noch einen Schluck, dann war sie leer.

„Kumm, etz trink ma af unsan Geburtstag!"

Peter hatte bereits die Likörflasche geöffnet. Schnapsgläser waren keine zu finden, also tranken wir auch den Likör aus der Flasche.

Der Wermut war allen schon ein wenig zu Kopf gestiegen. Die Reden und das Gelächter wurden jetzt lauter. 30 Prozent stand auf der Flasche. Süß schmeckte ihr Inhalt. Leicht brannte es beim Hinunterschlucken.

Beim nächsten Spiel stolperte Leo über die Füße von Willi. Dabei fegte er mit seinen Armen einige Blumentöpfe vom Regal. Ausgestreckt lag er am Fußboden. Alle lachten.

„Bei mir draht se alles", schrie plötzlich Rudi und hastete so gut es ging nach draußen.

Edi stand grinsend auf dem Sofa, hielt einen Blumenstock in die Höhe und ließ ihn dann fallen.

„Mei is des schäi!"

Darauf nahm er wieder einen Schluck aus der Flasche.

Norbert kümmerte sich inzwischen um Rudi, der hinterm Gartenhaus seinen Kopf immer wieder in das Wasserfass steckte und dann kräftig schüttelte.

„Mia is so schlecht", lallte Willi.

Ich versuchte ihn nach draußen zu bringen, damit er nicht hier drinnen alles vollspie. Gerade noch gelang es mir, ihn bis zu den Beeten zu führen, als er sich übergeben musste.

„Wou is eigentlich da Leo?", brüllte Peter.

Wir suchten den Garten ab. In einer Ecke ganz am Ende des Gartens mitten in den Brennnesseln fanden wir ihn jammernd: „Da Schnaps, dea brennt so, dea brennt so!" Es waren aber mehr die Brennnesseln, die ihm zusetzten.

Norbert versuchte nun Schadensbegrenzung zu betreiben. Zum einen mussten diejenigen, die zu viel vom Alkohol abbekommen hatten, ruhiggestellt werden. Zum anderen begann er mit mir und Rudi, den das kühle Wasser des Gartenfasses einigermaßen wieder klar gemacht hatte, die Scherben der kaputten Blumenstöcke zu beseitigen.

Edi, der nach einiger Zeit auch wieder durchblickte, saß wie ein Häufchen Elend auf dem Sofa und weinte vor sich hin: „Dea schäine Goartn, dea schäine Goartn, wenn des mei Vadda siecht, dea schlagt mi."

Da der Norbert als „Großer" dabei war, hatten unsere Eltern erlaubt, dass wir in dem Gartenhaus übernachteten. Jeder hatte in seinem Rucksack auch eine Decke dabei. Aus einem gemütlichen Campieren wurde aber nichts.

Als wir nach einigen Stunden Schlaf bei Morgengrauen das ganze Ausmaß unseres „Feierns" sahen, zertrampelte Beete, zerbrochene Blumentöpfe, abgeknickte Blumen, bekamen wir es mit der Angst zu tun: Wie könnten wir dem Edi seinem Vater jemals wieder unter die Augen treten?

Auch hatten wir Mitleid mit dem Edi. Der musste ja zu ihm heim.

Wir gingen daran notdürftig aufzuräumen. Dann machten wir uns, dreckig wie wir waren, auf den Heimweg. Am Stadtrand begegneten uns die ersten Kirchgänger.

Gemeinsam kauften wir dann die Woche darauf einen schönen Blumenstock, den der Edi seinem Vater geben sollte. Trotzdem gingen wir ihm wochenlang aus dem Weg.

Schlimmer als die Schäden in seinem Garten, so erfuhren wir später, empfand er die Schande, dass uns Leute so verdreckt gesehen hatten. Und das an einem Sonntag.

Du Saubub, sag's nach

Seit 1957 ging ich an die Oberrealschule, zur damaligen Zeit eine reine Knabenschule. Da wohnte ich noch in der Ziegelgasse. In der 1. Klasse waren wir 46 Buben. Nur zwei aus meiner Volksschulklasse hatten mit mir den Übertritt gewagt, der Werner und der Eugen. Das waren auch die einzigen, die mir ein wenig vertraut waren. Von meinen Freunden bei den Ministranten ging niemand mit.
Elf Schüler in der Klasse waren nicht katholisch. Die kannte ich überhaupt nicht, weil die ja vorher eine andere Volksschule besuchen mussten. Zwölf waren von auswärts, aus Hirschau, Schnaittenbach, Schmidmühlen, Kastl.

Als erste Fremdsprache bekamen wir Englisch. Das war mir nicht vollkommen neu, da wir in der 5. Klasse der Volksschule auch schon Englischunterricht gehabt hatten. Vollkommen neu für mich aber war der dauernde Wechsel, jede Stunde ein anderes Fach mit einem anderen Lehrer oder einer anderen Lehrerin. In der 3. Klasse wählte ich als zweite Fremdsprache Französisch. Jetzt wurde unsere Klasse wieder neu zusammengesetzt.
Von Anfang an fühlte ich mich in dieser Schule nicht wohl. Das hatte mehrere Gründe.
So richtig neue Freundschaften habe ich dort nie geschlossen. Meine Freunde waren weiterhin die

aus der Volksschule und von den Ministranten.
Auch kamen viele meiner neuen Klassenkameraden aus wohlhabenden Familien, was man auch
an deren Kleidung merkte. Bei meinen Eltern war
das Geld meistens knapp.
Zudem hatte mein Vater in dieser Zeit einen Herz-
infarkt gehabt. Er war fast ein Jahr lang krank-
geschrieben. Nach sechs Monaten bekam er aber
kein Krankengeld mehr. Da meine beiden älteren
Geschwister schon verdienten, wurde deren Verdienst angerechnet und meine Eltern bekamen
von der Fürsorge nur noch 90 Mark monatlich.
Dass es bei so wenig Geld nicht für neue Hosen
und Pullover reichte, war verständlich. Außerdem
schneiderte mein Vater damals krankheitsbedingt
nicht und erst nach etwas mehr als einem Jahr
fing er wieder in der Schneiderei der Bundeswehr
an zu arbeiten.
Wie oft schämte ich mich, weil ich mit altmo-
discher, abgetragener Kleidung zur Schule kam.

Die Lernbedingungen waren zwar durch die neue
Wohnung in der Lederergasse besser geworden, da
ich jetzt ein eigenes Zimmer hatte. Mein Bruder
war ja tagsüber in der Arbeit. Doch das mit dem
Lernen war keine Frage des Zimmers. Niemand
in meiner Familie konnte mir helfen. In der Volksschulzeit hatte ich auch niemanden gebraucht.
Meine Mutter und mein Vater hatten keine Fremdsprache erlernt. Dass man daheim Vokabeln abge-
fragt bekommt oder Mathematikergebnisse kontrolliert werden, dass man vor Schulaufgaben den Stoff
wiederholen soll, das war mir alles fremd und von
meinen Eltern hatte ich da keinerlei Unterstützung.

Die Lehrer, wir mussten sie mit Herr oder Frau Professor anreden, waren für mich unnahbare Wesen. Da sehnte ich mich oft zu den gemütlichen und verständnisvollen Lehrern Hemrich oder Höllerer meiner Volksschulzeit zurück.

Furcht einflößend waren die Mathestunden beim Professor Hager. Nur wenn am Sonntag sein Lieblingsfußballverein Bayern Hof gewonnen hatte, dann war er am Montag gut drauf. Aber wehe, wenn die verloren hatten!
Er schrie oft in der Klasse und haute mit dem langen, hölzernen Tafellineal jedem Schüler kräftig auf die Schulter, wenn dieser die mathematischen Formeln nicht auswendig wie aus der Pistole geschossen aufsagen konnte. Da zitterte ich schon, wenn der mit seiner grimmigen Miene ins Klassenzimmer hereinkam. Dabei war ich in Mathe immer ein guter Schüler gewesen.
Der Kunsterzieher ohrfeigte uns oft und heftig, wenn er uns beim Schwätzen erwischte, sodass er mir auch dieses Fach verleidete, obwohl Zeichnen zu meinen Lieblingsbeschäftigungen daheim gehörte.
Sich Mühe zu geben und jemandem, der nicht gleich alles verstand, etwas genauer zu erklären oder Verständnis aufzubringen für persönliche Schwierigkeiten, das kannten viele der Lehrer nicht. Zugegeben, es gab auch Ausnahmen.

Eine Mischung aus Angst und Spaß waren die Sportstunden beim Professor Kerschensteiner. Der stand in Anzug und Krawatte in der Sporthalle und gab seine Anweisungen. Wenn einer etwas falsch

machte, zog er ihn an den „Schmalzfedern" nach
vorne. Ein guter Turner musste dann die Übung
vorzeigen. Er selber konnte das natürlich nicht, bei
seiner Leibesfülle und seiner Kleidung. Er hatte so
seine Lieblingsschüler, wie den Werner. Den ließ
er immer vortreten und haute ihm leicht mit seiner
Hand auf die Schulter:
„Du Saubub, sag's nach!"
Doch der Werner traute sich nicht. Der Kerschensteiner ließ nicht locker, patschte ihm nochmals mit
der Hand auf die Schulter und wiederholte:
„Du Saubub, sag's nach!"
Zögerlich antwortete der Werner endlich: „Du Saubub!" Jetzt lachte der Kerschensteiner laut, dass
sein Bauch wackelte, klopfte ihm nochmals auf
die Schulter und schickte ihn dann wieder zu den
anderen.
Dieses Ritual machte dem Sportlehrer jedes Mal
sichtlich Spaß.

Geräteturnen gehörte nicht zu meinen Stärken, aber
bei Ballspielen jeder Art und vor allem im Leichtathletik-Dreikampf war ich Spitze. In der Leichtath-
letik gehörte ich sogar zu den fünf besten Sportlern
der ganzen Schule. Kurzstreckenlauf, Weitsprung,
Ballweitwurf, da war ich echt gut.
Mit dem Handschmann Wolfgang aus meiner Klasse lieferte ich mir so manche Duelle. Im Laufen
war er etwas schneller, im Weitsprung ich besser.
Da musste dann immer das Werfen entscheiden,
wer mehr Punkte bei der Ehrenurkunde bekam.

Meine großen Vorbilder waren der Manfred Ger-
mar über die 200 m, der Martin Lauer über die

110 m Hürden, der Carl Kaufmann über die 400 m und natürlich der Sprinter Armin Hary.

Kurz vor den Olympischen Sommerspielen 1960 in Rom, Armin Hary hatte gerade seinen Weltrekord über 100 m mit 10,0 s aufgestellt, hatten wir zu Hause einen Fernseher bekommen. Das heißt, mein Vater hatte so lange auf meinen Bruder eingeredet, bis dieser einen kaufte, einen Grundig.

„Des is da beste. Des is echte deutsche Wertarbeit", meinte mein Vater.

Hans verdiente damals als Industriekaufmann 550 DM monatlich. Der Fernseher kostete 850 Mark. Das war für meinen Bruder schon eine stattliche Summe, die er da aufbringen musste. Als er 1964 heiratete, nahm er daher den Fernseher mit. So schnell, so erzählt man, habe mein Vater sich noch nie zu einem Kauf entschlossen wie damals. Sofort besorgte er jetzt ein neues Gerät. Er hatte sich in den letzten Jahren so an das „Schauen" am Abend gewöhnt, zumal er mittlerweile sogar zwischen zwei Programmen wählen konnte.

Ich konnte somit jetzt, in den Sommerferien 1960, die Übertragung der Spiele im Fernsehen anschauen. Gespannt hockte ich im Wohnzimmer. Meine Begeisterung kannte keine Grenzen mehr, als Armin Hary über 100 m und mit der 4 x 100 m Staffel je eine Goldmedaille holte. Ich fieberte mit, als sich über 400 m Carl Kaufmann und Otis Davis diesen Zweikampf bis zum Umfallen lieferten, beide mit Weltrekordzeit.

Wir in Amberg und an der Schule hatten ja auch unsere Sprintstars. Ich wusste vom Schuller Happy und vom Gürtler „Pfloutsch". Zugegeben, ganz so schnell wie der Armin Hary und der Carl Kaufmann waren die nicht. Aber ihre Leistungen waren doch beachtlich. Der Gürtler lief die 400 m immerhin unter 50 Sekunden und der Happy die 100 m um die 11.

Der Helmut Gürtler war Bayerischer Jugendmeister über 400 m, und in der sogenannten Schwedenstaffel hielt er zusammen mit dem Schuller Happy und noch zwei anderen den Oberpfalzrekord. Ich hatte mir das Zeitungsbild extra ausgeschnitten, wie er bei einem Lauf überlegen ins Ziel kam. Und er gewann von 100 m bis 1500 m auf allen Strecken.

Seit einigen Wochen war ich in der Leichtathletikabteilung von der DJK. Ich war maßlos enttäuscht, als ich erfuhr, dass der Gürtler gar nicht mehr beim Verein in Amberg, sondern aus sportlichen und beruflichen Gründen nach Ludwigshafen gewechselt war.

Was mich aber beeindruckte, war das Trikot der DJK: kurze, weiße Hose und weißes Hemd mit rotem Brustring, wie das der deutschen Leichtathleten. So ausgestattet nahm ich an meinen ersten Kreismeisterschaften in Schwandorf teil. Da wurde ich bei strömendem Regen im Weitsprung Zweiter und im 100-m-Lauf Dritter.

In der Schule erreichten mein Klassenkamerad, der Handschmann Wolfgang, und ich im Leichtathletik-Dreikampf in jeder Disziplin die Höchstpunktzahl von 25.

Als 14-Jähriger lief ich die 75 m in 10,0 s. Das war wie Harys Weltrekord, nur der kam in dieser Zeit 25 Meter weiter. Ich sprang immerhin 5,30 m weit.

In der Klasse gab es noch andere gute Sportler, den Wiede Karl-Hermann und den Hamert Wolfgang, beide aus Hirschau. Angestachelt durch den grandiosen Sieg der deutschen Staffel in Rom wollten wir in der Klasse auch 4 x 100 m Staffel laufen: Brandl, Hamert, Wiede, Handschmann, so unsere Besetzung.

Doch wie und wo trainieren? Der DJK-Platz hatte eine 400-m-Aschenbahn. Wir hatten uns bei den Größeren und Erfahreneren kundig gemacht über Wechselzonen und Stabübergabe.

Doch Wiede und Hamert waren Fahrschüler und mussten mittags immer nach Hirschau. Ein-, zweimal gelang es uns gemeinsam am Nachmittag in Amberg zu trainieren. Manchmal sprangen auch zwei andere aus der Klasse ein, die in Amberg wohnten, wenn die beiden Hirschauer nicht mit uns üben konnten.

Unsere Begeisterung ging sogar so weit, dass wir, der Handschmann Wolfgang und ich, mit den Rädern bis nach Hirschau fuhren zum Trainieren. Dort liefen wir dann zusammen mit unseren beiden Staffelkollegen auf dem Sportplatz „Weiße Erde". Da brauchten wir kein Warmlaufen und keine Dehnübungen mehr. Wir hatten ja schon eine einstündige Radfahrt hinter uns. Dann das Training. Und wieder die Heimfahrt.

Öfter als zweimal haben wir das aber nicht gemacht.

So richtige Freunde wurden wir nicht. Es gab keinen gemeinsamen Schulweg. Der Handschmann Wolfgang wollte nicht einmal mit zur DJK und auch von den Ministranten hielt er nicht viel.

Etliche in der Klasse, vor allem die katholischen,
gingen zur ND. Der Bund Neudeutschland, den der
Studienprofessor Merz leitete, hatte sein Heim im
Ziegeltor. Die hatten dann beim Merz Franz sowieso einen Stein im Brett. Der kontrollierte am Montag im Religionsunterricht immer, wer am Sonntag
im „Studiengottesdienst" in der Schulkirche gewesen war. Das zählte bei ihm. Da konnte ich aber
nicht hingehen, weil ich ja in der Martinskirche
ministrieren musste. Und zweimal in die Kirche
gehen wollte ich auch nicht.
Für meine Mutter war es jedes Mal ein großer
Schlag, wenn sie mein Zeugnis sah und die Religi-
onsnote. Einmal stand sogar nur ein „ausreichend"
drin. Da ist für sie eine halbe Welt zusammenge-
brochen. Die mittelmäßigen Noten in den anderen
Fächern sorgten sie weniger.
„An Viera in Relügion! Dass de niat schamst!",
fast weinte sie dabei. Mir ging das sehr zu Herzen.

Als ich das Zwischenzeugnis der 4. Klasse ausge-
händigt bekam, fiel ich aus allen Wolken: Da waren
zwei 2er, fünf 3er, aber auch fünf 4er. Vollkommen
aus dem Häuschen war ich über die 3 in Leibes-
erziehung. Wie konnte man mir das antun? Mir,
der ich zu den besten Leichtathleten der ganzen
Schule gehörte? Selbst wenn ich kein großes Ass
im Geräteturnen war, aber doch in den Ballspielen,
im Laufen, Springen und Werfen.
Diese 3 wurmte mich mehr als die 4 in Physik
oder in Englisch, ja sogar in Deutsch hatten sie
mir eine 4 gegeben.
Da konnte es mich auch nicht trösten, dass ich dieses Mal in Religion keine 4, sondern eine 3 hatte.

Für meine Mutter in ihrem religiösen Verständnis war das immer noch eine Schande.

Ich hatte die Schnauze voll. Von dieser Schule. Von den Lehrern, die mich meiner Meinung nach ungerecht behandelt und beurteilt hatten. Von einfach allem!
Meine Freunde, der Peter und der Willi, waren seit einem halben Jahr schon Lehrlinge. Da verdienten sie 50, 60 oder 70 Mark monatlich. Der Edi und der Leo gingen in die letzte Klasse der Handelsschule. Der Edi wollte zur Post und der Leo in die Stadtverwaltung. Die würden dann ab Herbst auch Geld verdienen. Und ich? Ich hatte fünf Mark Taschengeld. Und das im Monat.
Ich wollte auch eine Lehre anfangen.
Noch dazu verlegte ich den Schwerpunkt meines Lernens von nun an aufs Gitarrespielen. Zu Weihnachten hatte ich von meinem Bruder eine bekommen. Ja, mein Bruder hatte mir diese gekauft, nicht die Eltern.
Jetzt im Frühjahr begann im Jugendheim ein Gitarrenkurs, zwei Stunden wöchentlich. Der wurde vom Gleißner Erich gehalten und war kostenlos. Ich hängte meine ganze Energie und Zeit, meinen ganzen Ehrgeiz und Fleiß hinein.
Da blieb für die Schule nicht mehr viel übrig, zudem war ich fest entschlossen, nach dieser 4. Klasse aufzuhören. Was interessierte da noch Physik, Bio, Mathe, Englisch oder Französisch.

Mit dem Kummert Reinhold hatte ich mich etwas angefreundet. Der ging jetzt zu mir in die Klasse, weil er auch Französisch gewählt hatte. Der war

nicht unbedingt einer von den Strebern. Auch nicht
bei der ND. Und obwohl er aus einem wohlhabenden Elternhaus stammte – seinem Vater gehörte
die gleichnamige Brauerei –, wurden wir ganz gute
Klassenkameraden.

Wieder einmal schleppte sich so ein Schultag hin.
Die ersten zwei Stunden gingen ja noch. Da hatten
wir Deutsch und Mathe. Nach der Pause dann Bio
bei der Schulz Lieselotte. In der 5. und 6. Stunde
stand Physik auf dem Stundenplan. Der Lehrer
in diesem Fach war fürchterlich. Der konnte oder
wollte nichts erklären. Ich verstand immer nur
Bahnhof.
Die 4. Stunde fiel aus, weil ein Lehrer krank war.
Da hatte der Reinhold eine Superidee: „Kumm,
mia genga zu uns, dou trink ma a Halbe."
Ich war sofort begeistert. Wir verließen heimlich
das Schulgelände, was ja strengstens verboten war.
Aber die Brauerei Kummert lag so nah bei der
Schule, dass man sie schon fast mit zum Schulgelände zählen konnte. Zumindest wenn man groß-
zügig war. Und wir waren es.
Zu Hause holte der Reinhold eine Flasche Bier.
Die teilten wir uns dann gerecht. Lang blieben wir
nicht. Schnell hatten wir den Inhalt getrunken und
schlichen uns dann wieder zurück ins Schulhaus.

So entspannt wie diesmal nahmen wir sonst nie
am Physikunterricht teil. Der Lehrer mit seinem
Gelabere konnte uns nichts anhaben. Manchmal
hörte ich hinter mir ein leises Kichern. Das war der
Reinhold.

Scho wieda Nudeln!

In den Pfingstferien 1961 durfte ich zum ersten
Mal als Begleiter einer Gruppe der Katholischen
Jungmänner Gemeinschaft (KJG) in die Jugendherberge nach Trausnitz mitfahren. Da kannte ich
mich schon aus, war ich doch ein Jahr zuvor mit
meinen Freunden hier beim Zelten gewesen.
Diese Aufgabe hat mir sehr viel Spaß gemacht.
Die Mädchen hatten eine eigene Organisation. Erst
Jahre später, 1970, wurden beide Gruppierungen
zur Katholischen Jungen Gemeinde zusammen-
geschlossen.
Kurz nach der Fahrt bekam ich dann offiziell vom
Kaplan Bumes die Leitung einer Gruppe übertragen. Es war die Gruppe Martin mit zehn Jungen
zwischen elf und zwölf Jahren. Ich war gerade
mal 15. Um genau zu sein: Es war drei Tage nach
meinem Geburtstag. Ich war jetzt Gruppenführer.

Meine erste Amtshandlung bestand darin, dass ich
die einzelnen Familien meiner Gruppe besuchte
und mich bei den Eltern vorstellte. Beim Dieter
war das am 9. Juli, an seinem Geburtstag. Er hatte
selber einen Kuchen gebacken und war ganz aufgeregt.
„Mein Führer kommt!", hatte er seinen Eltern mitgeteilt. Dass das die Familie meiner späteren Frau
war, ahnte ich natürlich nicht im Entferntesten. Die
Jutta war ja damals erst sechs.

Unsere Gruppenstunden hielten wir im neuen Pfarr-
jugendheim ab. Das war im Juni 1957 feierlich ein-
geweiht worden. Der Neubau stand an Stelle einer
alten Scheune im Garten des Pfarrhofs St. Martin.
Jahrelang war geplant worden. Immer wieder
musste verschoben werden, weil das nötige Geld
nicht aufzutreiben war.
Alle Mitglieder der Pfarrjugend, wie sie sich nannten, halfen mit. Wir, die Kleinen, genauso wie die
Großen. Alle leisteten unzählige freiwillige Arbeitsstunden. Da wurden Bretter und Dachlatten der
alten Scheune entnagelt und Mörtel von alten Zie-
gelsteinen abgeklopft, damit man sie beim Neubau
wieder verwenden konnte. Alles, was irgendwie
brauchbar war, wurde wieder verbaut. Man wollte
Geld sparen, wo man nur konnte.
Oft bestanden die Arbeitsstunden auch aus dem
Zusammenbetteln von Geld durch den Verkauf
sogenannter Bausteine im Wert von 10 oder 50
Pfennigen oder gar von einer Mark. Das war
mühsam.
Bei der Einweihungsfeier sollte auch der damalige Oberbürgermeister von Amberg Josef Filbig
eine Rede halten, so stand es jedenfalls in der
Einladung. Stattdessen überbrachte Filbigs Stell-
vertreter, Bürgermeister Steininger, die Grüße der
Stadt.
Es wäre einem wohl recht sonderbar vorgekom-
men, wenn Filbig hier eine Lobesrede auf einen
katholischen Jugendverband gehalten hätte, war
er doch schon unter den Nazis Oberbürgermeister
und auch von deren Ideologie überzeugt gewesen.
Und die Nazis waren es doch, die alle politischen
und religiösen Verbände aufgelöst hatten.

Davon wusste ich damals aber nichts. Und die,
die was wussten, schwiegen. Darüber wurde nicht
geredet.

Das Jugendheim entwickelte sich zum beliebten
Treffpunkt. Es gab einen Tischtennisraum, einen
Saal mit Bühne, verschiedene Gruppenzimmer für
die wöchentlichen Gruppenstunden und für uns
Größere – als Gruppenführer gehörte ich da jetzt
schon dazu – einen Clubraum.
Wir veranstalteten Waldlaufmeisterschaften, Ro-
delwettbewerbe, Wanderungen, sogar bei Nacht,
Tischtennisturniere, Bunte Abende mit Theaterauf-
führungen, Nikolaus-, Weihnachts- und Faschingsfeiern und Zeltlager.

Ich war mittlerweile 16 und für Gruppenführer war
es angebracht, einen Personalausweis dabei zu haben. Man hätte ja mal kontrolliert werden können.
Und dann hätte wenigstens ich mich ausweisen
können.
Beim Passamt der Stadt beantragte ich diesen. Als
ich ihn nach Fertigstellung abholte, musste ich ei-
genhändig unterschreiben. Da ich es nicht anders
kannte, unterschrieb ich mit „Fritz". Da stutzte der
Beamte: „Aber du heißt doch Friedrich."
Ungläubig schaute ich ihn an. Auf allen meinen
Zeugnissen war immer nur „Fritz" gestanden und
von allen Leuten wurde ich nur so gerufen. Ich
wusste gar nicht, dass mein Taufname „Friedrich"
war. Der Beamte verlangte, dass ich nochmals unterschrieb. So fügte ich neben der schon getätigten
Unterschrift auch noch „Friedrich" hinzu. Es war
wohl die Besonderheit an meinem ersten Personal-

ausweis, dass er doppelt unterschrieben war, mit „Fritz" und mit „Friedrich".

Besonders gut in Erinnerung ist mir das Zeltlager bei der Ruine Roßstein über dem Taubenbachtal im Hirschwald.
Unser rundes Zwölfmannzelt ohne Boden war aus den Vorkriegsbeständen der katholischen Jugend. Um das Zelt herum hoben wir einen Graben aus, damit, wenn es regnete, das Wasser nicht hinein-laufen würde.
Überhaupt musste viel geplant, gerechnet, einge-kauft werden. Der Speiseplan war recht bescheiden gehalten, wurde er doch danach zusammengestellt, was man am offenen Feuer in einem dafür geeig-neten Kessel kochen konnte: Gemüseeintopf mit Wursteinlage oder Erbsensuppe oder Nudeln. Ab-gespült und uns gewaschen haben wir unten im Tal am Bach.
Das Schönste war abends das Lagerfeuer, wenn ich auf der Klampfe spielte.
Besonders aufregend waren die Nachtwachen. Wir mussten ja immer mit einem Überfall von einer anderen Gruppe rechnen, von den Größeren in der KJG oder wer weiß sonst noch von wem. Die Buben hatten zu zweit Wache. Als Gruppenführer hielt ich die natürlich allein. Still saß ich da und schaute ins Feuer. Das knisterte und knackte. Oder waren das Schritte?
Und die Schatten. Die Dunkelheit.
Dann wieder ein Kontrollgang rund um den Zelt-platz. Da beeilte selbst ich mich besonders, dass ich wieder in den Schein des Feuers zurückkam. Langeweile gab es in so einem Zeltlager nie. Wir

hatten ständig was zu tun. Holzsammeln, Vorbereitungen zum Kochen, Abspülen, wieder Holzsammeln fürs Lagerfeuer.

Tagsüber war jeder recht müde, denn durch die Nachtwachen oder die nächtlichen Überfälle wurde der Schlaf empfindlich gestört.

Gerade als wir an einem Abend mit dem Essen fertig waren, brach ein Gewitter los. Überall am Himmel zuckten Blitze. Zuerst war das Grollen des Donners nur leise zu hören. Wir zählten die Sekunden, um festzustellen, wie weit das Gewitter noch entfernt war. Die Abstände wurden immer kürzer. Nun war das Gewitter fast über uns. Der Regen prasselte wolkenbruchartig hernieder. Im Zelt waren wir zusammengerückt. Ängstlich schauten die Buben auf mich. Ich durfte mir ja keine Angst anmerken lassen. Bald stellte sich heraus, dass unser Graben um das Zelt herum nicht tief genug war. Wasser floss ins Innere. Als der Regen etwas nachließ, wechselten wir unser Nachtquartier. In der Scheune bei einem Bauern unten in Spieshof fanden wir Unterschlupf.

In derselben Nacht wollten uns zwei Pfadfinder überfallen, der Richard und der Jürgen. Auch deren Pläne hatte das Gewitter durchkreuzt. Sie fanden sich ebenfalls in diesem Bauernhof ein ohne uns zu bemerken.

Gegen Morgen, als das Gewitter längst vorbei war, schlichen sie hoch zur Ruine. Zu ihrer Überraschung fanden sie aber nur das leere Zelt vor.

Als 15- oder 16-jähriger Gruppenführer hatte man schon allerhand Verantwortung. Radtouren, oft 40 Kilometer weit und das zu zehnt oder zwölft mit Gepäck. Material beschaffen vor einer Fahrt oder einem Zeltlager. Einkaufslisten erstellen. Programme festlegen.

Wir trafen uns einfach im Jugendheim, besprachen das Wichtigste und erledigten dann die Aufgaben. Ich glaube, von unserer Gruppe hatte kein einziger ein Telefon zu Hause.

Für die Sommerferien 1963 war unser erstes großes Zeltlager geplant. Alle Jungschargruppen sollten daran teilnehmen. Mit dem Kaplan Bumes fuhren wir an einem Sonntag wenige Wochen zuvor auf Lagerplatzerkundung. In Schwarzhofen wurden wir fündig. Eine Halbinsel an der Schwarzach. Viel Wasser mit einem Wehr, das Dorf in der Nähe zum Einkaufen. Ein wunderbarer Platz!

Die alten, schweren Großzelte, Planen, Biertischgarnituren, das Kochzubehör und ein Großteil des Gepäcks wurden vorab mit einem Lastwagen dorthin befördert. Die einzelnen Gruppen fuhren mit dem Rad. Das waren immerhin fast 45 Kilometer über Schwarzenfeld und dann die Schwarzach entlang. Insgesamt waren wir 40 Jungschärler mit Gruppenführern, einige Helfer und der Kaplan.

Ich leitete das Lager, das zu einem kleinen Zeltdorf mit Zaun und Lagertor ausgebaut wurde. Ein Lagerkreuz mit den zwei Jugendbannern zierte den Versammlungsplatz. Der Essplatz mit den Biertischen und -bänken wurde mit einer Plane überspannt, damit wir auch bei Regen im Trockenen oder bei starker Sonne im Schatten sitzen konnten. Schwierig erwies sich der Bau des „Donnerbalkens", der nötig war, weil es in der Nähe keine Toilettenanlagen gab.

Donnerbalken wurde die Konstruktion aus Baum-
stämmen genannt, die wir in einiger Entfernung
zu den Zelten für die besonderen Bedürfnisse
anlegten. Aus hygienischen Gründen stand immer
ein Eimer mit Streukalk daneben, aus dem man
hinterher eine Schaufel voll über die Hinterlassen-
schaften streute, denn eine Wasserspülung gab es
nicht. Doch auch das meisterten wir.
Der Zugang zu unserem Zeltdorf auf der Halbinsel
erfolgte über die alte Mühle. Als Abkürzung und
als besondere Herausforderung spannten wir über
den Fluss ein dickes Seil, wie man es zum Tau-
ziehen verwendet und ein weiteres, dünneres Seil
zum Festhalten zwei Meter darüber. Ganz Mutige
trauten sich. Natürlich endete es bei den meisten
dann doch im Wasser. Der Erwin aber, der schaffte
es ohne Absturz.
Ganz sorgfältig musste die Stelle fürs Lagerfeuer
ausgewählt werden, damit der Rauch nicht in die
Zelte zog. Auch der „Küchenplatz" war wichtig. An
einigen Tischen wurde das Essen zubereitet. Es gab
einen eigenen Spül- und Küchendienst. Da mussten
Kartoffeln geschält, Gemüse geputzt, Wurst und
Brot geschnitten werden. Jeder im Lager bekam
reihum seine Aufgaben zugeteilt.
Der Dieter aus meiner Gruppe, damals gerade 14
Jahre alt, war der Lagerkoch und er meisterte seine
Aufgabe mit Bravour. Für fast 50 Personen kochte
er am offenen Feuer in großen, runden Kesseln.
„Limonade, Schokolade, Eisbein, Schnitzel, Blu-
menkohl, Salat, Salat. Hunger, Hunger, Hunger.
Limonade, Schokolade …"
Dieses Lied, rhythmisch verstärkt durch das
Trommeln mit den Löffeln auf die blechernen

Kochgeschirre, war schnell zum Lagerhit geworden, als wir in Schlangen ungeduldig auf das Essen warteten. „Scho wieda Nudeln!", hörte man dann. Ja, Nudeln gab es in allen möglichen Variationen, lange und kurze, dicke und dünne, angebrannte und nicht angebrannte.

Doch auch das Reisbreilied machte die Runde, wenn es mittags wieder einmal dasselbe gab:
„Wir ham daham an alten Reisbrei …"
Apropos Runde. Das Rundadinella, jenes legendäre Liederbuch im Hosentaschenformat mit dem roten Umschlag, war unentbehrlich abends am Lagerfeuer.

Mehrmals am Tag schallte das Jagdhorn vom Norman über den Zeltplatz: Wecken, Frühstück, Mittagessen, Abendessen, Nachtruhe. Anton bat jeden Morgen mit der Trillerpfeife zum Frühsport. Wettkämpfe sportlicher und künstlerischer Art, Wanderungen, Spiele, Gottesdienste im Freien und besinnliche Runden standen auf dem Programm.
So manchen Überfall wehrten wir glänzend ab.
Nur den Kampf gegen Mücken und Bremsen verloren wir. Die Nähe des Wassers hatte nicht nur Vorteile.
Am letzten Abend erfüllte hektisches Treiben das Lager. Sketche und Kunststücke wurden eingeübt, Lieder geprobt. Für den Abend war nämlich großes Lagerfeuer mit Lagerzirkus geplant, bei dem auch die Eltern zu Besuch kommen durften.
Müde, etwas ungewaschen und zerstochen kehrten wir heim. „Owa schäi woars!"

Lonely Hot Boys

Wir sind – G-Dur – durch Deutschland gefahren,
vom Meer – D7 – bis zum Alpenschnee – G-Dur –,
wir haben – C-Dur – noch Wind in den Haaren –
G-Dur –, den Wind – D7 – von den Bergen und
Seen – G-Dur.
Ich übte jeden Tag mindestens eine halbe Stunde,
oft länger, bis mir die Fingerkuppen vom Drücken
der Saiten weh taten.
Vor den Osterferien war der Gitarrenkurs im
Jugendheim zu Ende. Der Gleißner Erich hatte
mir wirklich viel beigebracht, auch Barrégriffe.
Die waren besonders schwierig, weil man da mit
dem linken Zeigefinger alle sechs Saiten drücken
musste.

Jetzt konnte nicht mehr nur der Peter Gitarre spielen, sondern auch ich. Im Jugendheim haben wir
dann zusammen „Oh when the saints" und „Down
by the riverside" gespielt. Der Edi und der Leo haben zugeschaut und dann mitgesungen.
„Wir gründen eine Band!" Das stand jetzt fest.
Zuerst schwebte uns natürlich eine richtige Jazz-
band vor, so mit Trompete, Klarinette, Posaune und
Schlagzeug. Wir hatten ja schon von den Brick-
Tower-Stompers im Ziegeltor gehört. Aber außer
dem Peter und mir konnte niemand ein Instrument.
Und auf die Schnelle eines lernen, dazu waren wir
zu ungeduldig. Wir wollten jetzt eine Band.

Der Steinl Winni, der bei den Brick-Tower-Stompers Gitarre spielte, brachte uns dann auf die Idee mit der Skiffle-Group. Bis zu diesem Zeitpunkt wusste von uns niemand, was eine Skiffle-Group ist. Als wir dann hörten, dass dabei Instrumente wie Waschbrett, Kastenbass und natürlich Gitarren Verwendung finden, waren wir sofort begeistert. „Jawohl, wir gründen eine Skiffle-Band."
Wir konnten auch noch zwei Ältere von der Katholischen Jugend dazu überreden mitzumachen. Der Wolfgang sollte unser Bassist werden. Nicht etwa weil er so musikalisch war, sondern weil der einen handwerklichen Beruf erlernte und wir ihm deshalb zutrauten, dass er einen Kastenbass bauen konnte. Ein Kastenbass besteht aus einer gezimmerten Kiste, an deren Rückseite ein Besenstiel befestigt ist. Durch ein Loch am oberen Ende des Stiels wird eine Bassseite geführt, die dann durch ein größeres Loch auf der Oberseite der Kiste – quasi das Schallloch – im Innenraum des Kastens fest verankert wird. Der Kastenbass muss mit einem Lederhandschuh gespielt werden. Man erzeugt Töne wie auf einer dumpfen, großen Trommel. Der Wolfgang baute einen super Bass!
Im Abstellraum des Jugendheims fanden wir eine alte Pauke, die wollte Fritz, genannt „Brille", spielen, solange er noch kein richtiges Schlagzeug hatte. Der Leo spielte mit Metallfingerhüten, von denen sein und mein Vater als Schneider genug hatten, auf einem Waschbrett, das auf die Knie gelegt wurde. Der Peter und ich hatten die Gitarren. Und der Edi? Der wollte eigentlich Trompete spielen. Bloß, das konnte er nicht und er hatte ja auch keine.

Zu der Zeit gab es für Fasching immer so kleine Jux-Saxophone. Mit Hilfe einer Membrane am Mundstück konnte man da Melodien hineinsummen. Der Edi baute sich ein Schlauchophon, so nannte er es jedenfalls. Das Mundstück mit der Membrane vom Jux-Saxophon verlängerte er durch ein Stück Gartenschlauch, an dessen hinterem Ende ein Metalltrichter zur Schallverstärkung befestigt wurde.

„Goin' to lay down my burden. Down by the riverside. Down by the riverside. Down by the riverside." So schallte es von nun an durch das Jugendheim, wenn wir im umfunktionierten Tischtennisraum übten.
Natürlich brauchte unsere Band unbedingt einen Namen. Nach heißen Diskussionen einigten wir uns: Lonely Hot Boys.
Wir waren von uns und unserem Namen begeistert. Wenige Wochen nach unserer Gründung kam auch schon der erste Auftritt beim Ministrantentag der Diözese Regensburg im Amberger Josefshaus. Neben „Down by the riverside" konnten wir auch noch „Oh when the saints". Das waren immerhin zwei Stücke.

Bald stellte sich heraus, dass unser Bassist Wolfgang doch nicht das richtige Rhythmusgefühl hatte und auch gesangsmäßig manchmal danebenlag. Wir heuerten den Günter an. Der Wolfgang überließ ihm großzügigerweise seinen gebauten Kastenbass.
Im Musikgeschäft Semmler, das neben dem Café Raab in der Lederergasse war, erwarb Brille ein

kleines, neues Schlagzeug. Der Herr Semmler verkaufte es ihm auf Raten, weil er mich ja als Nachbarn kannte und natürlich die gesamte Band beim Kauf dabei war.

Vom Vogl Peter, dem Drummer der Brick-Tower-Stompers, bekam der Fritz ein paar Nachhilfestunden. Das heißt, es waren Ersthilfestunden, weil er ja fast noch nichts konnte auf dem Schlagzeug.

Jetzt mussten neue Stücke her. Da war uns wieder der Winni eine große Hilfe, sowohl was die Stücke anging als auch bei bestimmten Gitarrengriffen, die Peter und ich noch nicht konnten.

„Get on board", „Joshua", „She'll be coming round the mountains" und „Mama don't allow skiffle playing here". Das letztgenannte wurde unser Markenzeichen.

Im Herbst kam mit dem Bernhard noch ein dritter Gitarrist dazu, und der Willi, der ja eh schon immer dabei war, spielte ein zweites Schlauchophon. Wir waren jetzt zu acht.

Wir, die Lonely Hot Boys.

Zu dieser Zeit war mein Bruder Jugendleiter der Deutschen Angestellten Gewerkschaft, Ortsgruppe Amberg. Auch meine Schwester, ich und fast alle von der Band waren da Mitglieder. Mit der Amberger Gruppe fuhren wir noch im Oktober zu einem Treffen der DAG-Jugend nach Augsburg. Dort traten wir beim Tanzabend auf und spielten vier Stücke als Einlage. Mit unseren Songs kamen wir bei den jungen Zuhörern sehr gut an, war doch die Tanzkapelle eine sehr „brave".

Ein Jugendleiter aus Regensburg, der uns ganz begeistert zugehört hatte, stellte uns in Aussicht, dass wir im Frühjahr dort im Haus der Jugend spielen dürften.

Mit den jetzt sechs Stücken, die wir konnten, hatten wir bei einem der legendären Jazz-Band-Balls am 4. November im Josefshaus einen Auftritt. Wir spielten neben den Brick-Tower-Stompers, den Dixieland-Boomers, der Tin-Roof-Band und den Jazzin' Babies. Da waren wir vielleicht stolz.
Noch stolzer waren wir, dass von unserer Band ein Foto in der Zeitung war, nicht von den anderen.
Auch wenn in einem anderen Artikel stand, dass man von „hot" noch wenig gespürt hatte, eher von „warm boys".
Das wollten wir nicht auf uns sitzen lassen. Da musste schleunigst ein anderer Name her und nach einigen Überlegungen entschieden wir uns schließlich für „Skiffle-Group Manhattan".
Neue Songs wurden ausprobiert: „Lost John", „Don't you rock me Daddy-o" und einige andere. Unser Repertoire umfasste jetzt etwa zwölf Stücke.

Am 28. Januar 1962 war der Faschingsball der gesamten Katholischen Jugend von Amberg. Da spielten die verschiedenen Jazzbands und auch wir.
Die meisten von uns waren noch nicht einmal 16. Nur der Günter, unser Bassist, war über 18. Er war Techniker beim Radio- und Fernsehgeschäft Wegner. Der baute uns selber einen Verstärker, sodass der jeweilige Vorsänger oder Edi mit dem Schlauchophon ein Mikro hatte. Auch der Peter, der die Gitarrensoli spielte, bekam ein kleines

Steckmikrophon, das im Schallloch der Gitarre befestigt und auch am Verstärker angeschlossen war. So konnte man uns im großen Saal des Josefshauses überall hören.

Mittlerweile waren wir bei unseren Auftritten nicht mehr so aufgeregt. Wir plärrten unser „Mama don't allow skiffle playing here" ins Publikum.

Der Saal tobte. Wir bekamen Riesenapplaus. Der Beifall stieg uns zu Kopf. Wir wollten unseren Erfolg neben den Traditionsjazzbands feiern. Aus Gaudi rauchten wir anschließend Zigarren und tranken Wein zur Feier des Tages.

So gekotzt wie an diesem Abend habe ich selten. Seither habe ich nie mehr eine Zigarre angerührt.

Der Jugendvertreter aus Regensburg machte wirklich sein Versprechen, uns zu einem Auftritt einzuladen, wahr.

Der Günter hatte schon den Führerschein und von seinem Chef den kleinen Firmenbus geliehen bekommen. Damit fuhren wir in die Donaustadt. Dort wartete eine Riesenüberraschung auf uns.

„I bin ja scho gschpannt, wer no alles spült", wandte ich mich an Peter.

„Dou schau! Dou hängt a Plakat."

Neugierig lasen wir die Ankündigung, die am Eingang des Hauses der Jugend hing.

„Du, dou schtenga nur mir drauf." Edi schaute ganz entgeistert.

„Des kanne niat glaubn." Leo beugte sich zu uns.

„Dou, les selba!"

„Donnerstag, 22. März 1962. Haus der Jugend. Lonely Hot Boys."

Der kleine Saal, wo wir auftreten sollten, war be-
stuhlt. „Dou is koa Tanz, häit me a gwundert, etz in
da Fastenzeit."
Etwas ratlos begaben wir uns dann auf die Bühne
und bauten unsere Instrumente auf. Wie sollten wir
einen Abend mit nur zwölf Stücken bestreiten?
Irgendwie schafften wir es.
Vorweg mussten wir erklären, dass wir jetzt nicht
mehr „Lonely Hot Boys" hießen, sondern „Skiffle-
Group Manhattan". Wir spielten auch Stücke, die
wir so zur Gaudi schon mal probiert hatten. Wir
improvisierten.
Bei „Lost John", wo ich der Vorsänger war, fiel mir
bei der vorletzten Strophe der Text nicht mehr ein.
Da sang ich dann einfach eine Strophe zwei Mal.
Ich glaube, außer uns merkte das keiner.
Am Ende tobte zwar der Saal nicht unbedingt vor
Begeisterung, aber ausgepfiffen wurden wir auch
nicht.
Mit dem kleinen Honorar, das wir bekamen, konn-
ten wir das Benzin für den Bus zahlen und eine
Rate vom Schlagzeug abstottern.

Wie der Eingang zur Hölle

Am Freitag, dem 1. September 1961, begann ich
meine Lehre bei der Luitpoldhütte in Amberg. Ich
hatte also das wahr gemacht, was ich mir schon
seit einem halben Jahr vorgenommen hatte: Ich
verließ die Oberrealschule nach der 4. Klasse.
So stand ich ohne Schulabschluss da. Von der
Volksschule hatte ich keinen, weil ich an die
höhere Schule übergetreten war. Dort hatte ich
auch keinen, da man nach der 4. Klasse noch
nicht die Mittlere Reife erreichte, sondern erst
nach der sechsten. So lange wollte ich aber nicht
warten. Noch dazu erleichterte es meine Entscheidung, dass zu jener Zeit krasser Lehrlingsmangel
herrschte. In der Zeitung war von 3500 fehlenden
Lehrlingen in der Oberpfalz zu lesen.
Mein Vater war mit meiner Entscheidung voll einverstanden. Er sagte nur: „Bou, du bist old gnouch.
Wennst moanst, dassd lieba Geld vadienst, dann
mach des."
Und doch hatte ich die Worte von Dieters Vater
noch im Kopf. Der hatte mich damals eindringlich
gemahnt, als ich mich im Juli als neuer Gruppenführer vorgestellt und ihm von meinen Plänen
erzählt hatte. „Mach das nicht, Fritz! Das wirste
später noch bereuen!"

Ich aber wollte endlich auch Geld verdienen.
Und so wartete ich am 1. September um 8:30 Uhr

mit fünf anderen kaufmännischen Lehrlingen des ersten Lehrjahres und zwei Dutzend gewerblichen in der Werkskantine der Hütte auf den Beginn des neuen Lebensabschnittes.

Außer dass in der Luitpoldhütte in Hochöfen Erz geschmolzen wurde, wusste ich eigentlich nichts von diesem Betrieb. Nachts oder auch an trüben Tagen, wenn die Wolken tief hingen, färbte das glühende Eisen beim Hochofenabstich den Himmel rot. Das hatte ich oft genug schon gesehen.

An diesem ersten Tag bin ich zu Fuß hinausgegangen. Das waren von der Altstadt aus die alte Sulzbacher Straße entlang an der Vils flussaufwärts mehr als zwei Kilometer.

Arbeitsdirektor Püschel begrüßte und stellte uns die Ausbilder des Maschinenbetriebs und der Formerei vor. Ja, auch wir angehende Kaufleute mussten in den ersten zwei Monaten in den Lehrlingswerkstätten dieser Abteilungen arbeiten. An einem Tag in der Woche sollte ich in die Berufsschule an der Raigeringer Straße und einen Tag hatten wir im Betrieb Werkschule. So stand es auch in meinem Lehrvertrag, den ich schon im August unterschrieben hatte.

Der erste „Arbeitstag" bestand nur noch aus einem kurzen Besichtigungsrundgang durch das Werk. Dann war Wochenende.

Die Luitpoldhütte, in der man seit 1883 Amberger Erz verhüttete, bekam ihren Namen 1911. Zu Ehren des 90. Geburtstages von Prinzregent Luitpold wurde die damalige Amberger Hütte umbenannt. Zu Beginn meiner Lehrzeit waren hier mehr als 3000 Menschen beschäftigt und es gab noch den Erzbergbau. Gegenüber dem Eingang des Theresienstollens stand eine Bethalle, in der die Bergleute beteten, bevor sie unter Tage einfuhren. Das Erz aus Amberg wurde in zwei Hochöfen und einem Niederschachtofen verhüttet. Was das genau bedeutete, lernte ich in der Werkschule. Das erkaltete Roheisen wurde entweder im Betrieb selber zu Gussrohren, Formstücken oder Kanalgussteilen weiterverarbeitet oder an andere Betriebe wie die Maxhütte in Sulzbach-Rosenberg verkauft, die daraus Stahl herstellten.

Neben dem Bergbau und den Hochöfen gab es noch die Schleuder- und Handelsgießerei, eine Maschinenschlosserei, die Kokerei, ein Labor, die Modellschreinerei und ein Zementwerk. Das Zementwerk war an die Firma Schwenk Zement verpachtet. Dort arbeitete seit 1959 mein Bruder, der ja auch bei der Luitpoldhütte als Industriekaufmann gelernt hatte.

So gemütlich, wie dieser erste Tag mit der Besichtigung geendet hatte, so ungemütlich wurde es die Woche darauf.

Arbeitsbeginn war 6 Uhr morgens. Der Bus zur Arbeit fuhr um 5:30 Uhr am Englischen Garten weg. Dorthin hatte ich von der Lederergasse aus sechs bis sieben Minuten. Wenn ich mich beeilte, schaffte ich es in fünf. Also musste ich um 5 Uhr in der Früh aufstehen. Spätestens!

Die ersten Wochen verbrachte ich mit den anderen Lehrlingen in der Ausbildungswerkstätte des Maschinenbetriebes mit Feilen. Unsere Aufgabe bestand darin, aus einem zylinderförmigen Eisenstück einen Würfel mit der Kantenlänge von 4 cm herauszuarbeiten. Immer wieder prüfte ich mit Schublehre und Winkel nach, ob die gewünschte Kantenlänge schon erreicht wäre und es war recht frustrierend, wenn ich merkte, dass da nicht nur noch Kleinigkeiten fehlten, sondern ich vom gewünschten Maß noch weit entfernt war. Mir schmerzten die Hände vom Feilen. Meine Finger wurden wund. Mir taten die Füße weh vom ungewohnten Stehen.

Erst nach zwei Wochen war diese Tortur beendet. Doch es kam noch schlimmer.

Mit schwerem Hammer musste ich in der Schmiede auf das glühende Eisen eines Ambosses schlagen. Der Schmied hatte wohl ein Vergnügen daran, die „Kaufleute" ein bisschen ranzunehmen. Mit einem kleinen Hammer gab er den Takt an. Nach einer Stunde verkrampften meine Finger so, dass ich sie nicht mehr gerade ausstrecken konnte, und erst nach einigen Minuten löste sich diese Haltung wieder.

Schön aber war mein erstes selbstverdientes Geld. Monatlich 77,50 DM brutto. Laut Lehrvertrag sollte sich das im zweiten Lehrjahr auf 90,25 DM und im dritten auf 104,75 DM steigern. Mir kam das ungeheuer viel vor. Ich war an fünf Mark Taschengeld gewöhnt.

Mein Vater sagte mir, dass ich zu Hause zwar kein Kostgeld abliefern brauche, was damals durchaus üblich war, dafür aber für alle meine sonstigen Ausgaben, z.B. auch Kleidung, aufkommen müsse. Ich war damit mehr als einverstanden. Von meinem ersten Geld kaufte ich mir für 15 Mark die langersehnte Levi's, und dies ohne die Begleitung meines Vaters.

Die weitere Ausbildung erfolgte in der Lehrlingswerkstatt der Handelsgießerei.
Wegen der schweren, überdimensionalen Kübel mit flüssigem Roheisen, die ein beweglicher Kran durch die Halle zu den einzelnen Gießereiplätzen transportierte, musste ich wahnsinnig aufpassen. Funken stoben. Ich spürte die nahe Hitze des Flüssigeisens. Kohlenstaub legte sich auf Gesicht und Arme. Jedes Mal überfiel mich Beklemmung. Dieser Betriebsteil kam mir vor wie der Eingang zur Hölle: dunkel, fast schwarz und heiß. Hier lernte ich, wie verschiedene Maschinenteile von Hand gegossen wurden.
Nach so einem Arbeitstag waren wir Lehrlinge immer schwärzer als Kaminkehrer.

In den nächsten Monaten war ich zur weiteren Ausbildung verschiedenen Betriebsbüros zugeteilt. Diese befanden sich unmittelbar bei den Produktionsstätten. Um dort hinzugelangen, musste ich wieder mindestens zweimal am Tag durch die Schleuder- und Handelsgießerei mit dem flüssigen Eisen.

Nach den Betriebsbüros kam ich in das Verwaltungsgebäude mit den verschiedenen Abteilungen: Einkauf, Verkauf, Buchhaltung, Verkaufsabrechnung, Personalabteilung, Lohnbuchhaltung.
Zu dieser Zeit wurden die Löhne für die Arbeiter noch in Lohntüten bar ausbezahlt. Diese Lohntüten wurden im Lohnbüro gefüllt. Jeweils zum 15. eines

Monats erfolgte die Abrechnung, zwei Wochen vorher eine Abschlagszahlung.

Mehrere Male musste ich die gefüllten Lohntüten vom Lohnbüro aus zum Rohrlager bringen, wo sie an die Beschäftigten ausgegeben werden sollten. Der Weg dorthin an der Straße entlang war etwa ein Kilometer. Da wurde ich von einem bewaffneten Wachmann des Werkschutzes begleitet. Ich hatte ja mehrere tausend Mark in Lohntüten in meiner Umhängetasche. Einmal aber stand niemand vom Werkschutz zur Verfügung. Also schärfte man mir ein, dass ich nicht an der Straße entlang zu gehen habe und das Betriebsgelände nicht verlassen dürfe. So musste ich den Weg zum Versandbüro, das sich beim Rohrlager befand, vorbei an den Hochöfen und Gießereien nehmen.

Mit gemischten Gefühlen verließ ich das Büro im Verwaltungsgebäude. An der Hochofenpforte setzte ich den vorgeschriebenen Sicherheitshelm auf, einen weißen für Besucher. Alle Arbeiter im Betrieb hatten braune Helme auf.

Über eine staubbedeckte, rußige Eisentreppe gelangte ich zu den Hochöfen. Froh war ich, als ich diesen Teil des Werkes hinter mir hatte. Der Weg durch die Schleudergießerei und an der Handelsgießerei vorbei war mir schon etwas vertrauter. Jetzt nur mehr über das Betriebsgelände des Zementwerkes, dann war ich beim Rohrlager und endlich an meinem Ziel, dem Versandbüro.

Die Werkschule an jedem Mittwoch war eine willkommene Abwechslung, weil ich da mit den anderen kaufmännischen Lehrlingen beisammen war. Das Gebäude befand sich neben der Hochofen-

pforte. Wir hatten immer vor Augen, was wir hier im Unterricht lernten: das Schmelzen des Erzes, die Vorgänge im Hochofen. Aber auch von der Stahlherstellung erfuhren wir.

Jeder der Hochöfen war etwa 20 bis 30 Meter hoch. Durch eine obere Öffnung, die Gicht, wurde der Ofen abwechselnd mit Erz, Koks und Kalk beschickt. Neben den Hochöfen standen die Winderhitzer, mit deren Hilfe heiße Luft in die Öfen eingeblasen wurde. Beim Abstich wurde von Hochofenarbeitern die zugemauerte Öffnung des Ofens aufgestochen. Jetzt floss das glühende, 1100 bis 1200 Grad heiße Eisen in einer Sandrinne heraus. Ein Teil des flüssigen Roheisens wurde in Formen geleitet, wo es zu Blöcken erstarren konnte. Diese Blöcke waren für den Verkauf bestimmt. Ein anderer Teil floss in riesige Kübel, die in die verschiedenen Gießereien transportiert wurden.

Aus einer Öffnung oberhalb des Abstichloches quoll flüssige Schlacke heraus. Da die Schlacke leichter als das flüssige Eisen war, schwamm sie auf diesem. Aus der Schlacke wurden Schotter, Sand, Zement und Steine für den Bau hergestellt.

Zur Luitpoldhütte gehörte damals auch ein eigener kleiner Bahnhof. Manchmal musste ich auch dorthin Botengänge machen. Da schaute ich dann zu, wie die Waggons mit langen geteerten Gussrohren, die bis zu einem Meter Durchmesser hatten, rangiert wurden.

Noch während meiner gesamten Lehrzeit von 1961 bis 1964 waren der Erzbergbau und die Hochöfen in Betrieb. Erst am 19. November 1964 stiegen elf

Kumpel in die Grube hinab zum Abschied. In der Bethalle des Bergbaus läutete Anfang Dezember die Glocke zum letzten Mal. Einige Jahre später wurde auch der letzte Hochofen ausgeblasen.

Viel hatte ich gelernt in diesen Jahren meiner Lehrzeit in den verschiedenen Abteilungen des Werkes, auch an Verantwortung und selbständigem Arbeiten. Leicht fiel mir die Berufsschule. Im Gegensatz zu den Jahren an der Oberrealschule, wo ich immer nur mittelmäßige Noten heimbrachte, hatte ich hier nur Einser und Zweier. Ich hatte Freude an Erfolgen in meiner Lehrzeit, am Lob von vielen Abteilungsleitern und vor allem auch am Verdienst. Viele der Arbeiten in Buchhaltung und Sozialbüro machten mir Spaß, doch konnte ich mir nicht vorstellen, dass ich diese Tätigkeiten mein ganzes Leben ausführen wollte. Immer öfter kamen mir Zweifel. Mir kamen die Worte von Dr. Trepesch, dem Vater meiner späteren Frau, wieder in Erinnerung: „Das wirste noch bereuen."
Oft genug ertappte ich mich dabei, dass ich voller Sehnsucht aus den Fenstern des Klassenzimmers der kaufmännischen Berufsschule hinüberschaute zu meiner ehemaligen Schule, die in Sichtweite lag. Immer öfter schlich ich an der Mauer der alten Turnhalle der Oberrealschule entlang, schaute, ob ich vielleicht auf meinem Weg ein paar alte Klassenkameraden treffen würde. Doch die hatten ja längst Unterrichtsschluss, wenn ich gegen fünf Uhr abends von der Berufsschule hier vorbeikam.
Aber ich machte diesen kleinen Umweg gerne.

Skyline von Manhattan

Unsere Skiffle-Band war wieder im Jugendheim beisammen und wir übten zum dritten Mal „Down by the riverside". Unser Bassist kam immer wieder aus dem Takt.

„Wou bleibtn heit eigentlich da Peter?", warf Leo nach einem weiteren missglückten Versuch in die Runde, gerade als der auch schon mit einer Neuigkeit hereinplatzte:

„Hey, habts es scho ghört, die Brick-Tower-Stompers hom etz an Jazzkella."

Die Brick-Tower-Stompers, das waren unsere großen Vorbilder. Sie hatten sich nach dem Ziegeltor benannt, wo das Jugendheim vom „Bund der Neudeutschen" war. Die Dixie-Band existierte schon ein Jahr und die meisten von uns hatten sie auch schon bei einem ihrer Auftritte gehört. Den Steinl Winni, der bei den Stompers Gitarre und Banjo spielte, kannten wir gut. Der hatte uns auch auf die Idee mit der Skiffle-Band gebracht.

„Und wou is dea Kella?", wollte ich wissen.

„Naja, unten drinn im Ziegeltor halt", gab der Peter zur Antwort. „Dou mäiß ma unbedingt amal hin."

So richtig aufgeregt waren wir, als wir dann zu einem Probentermin der Stompers hinabstiegen in das Gewölbe unter dem Ziegeltor. Andächtig saßen wir in den alten Sesseln und lauschten den Klängen

vom „Tin Roof Blues". Uns beeindruckte die urige
Gemütlichkeit dieses Jazzkellers. Da mochten wir
gar nicht an unseren nüchternen Probenraum mit
seiner Neonbeleuchtung im Jugendheim denken.
Der musste so hell sein, weil er eigentlich Tischtennisraum war.

Die Brick-Tower-Stompers spielten in originaler
Dixieland-Besetzung mit Trompete, Posaune, Kla-
rinette, Banjo, Bass, Schlagzeug und Klavier. Der
Wagner Heribert an der Posaune war mein Nachbar
in der Lederergasse.
Der Peter kannte den Schlagzeuger, den Vogl Pe-
ter. In einer Musikpause stellte uns der Winni, der
Bandleader war, die anderen vor: den Wähner Uli,
den Bartel Udo, den Honal Werner und den Grahl
Reinhold.
„Und wos macht euer Musik? Wievül Stückln hab-
ta etz schon?", wollte der Winni wissen. „Wenna a
poar habts, dann kannt ma ja am Jazzband-Ball im
November mitanand aftreten."
Ungläubig schauten wir den Winni an. Wir, zusam-
men mit den Brick-Tower-Stompers?

„So an Kella brauchat ma halt a." Beim Nachhause-
weg war das unsere einhellige Meinung.
„Bloß, wou krieg ma oan her?" Ja, da war guter
Rat teuer.

In Amberg gab es zu dieser Zeit noch verschiedene
andere Jazzbands. Da waren die Jazzin' Babies mit
dem Walther Gerd, dem Schöberl Fritz und dem
Rahm Rainer. Auch der Storg Peter, der Brandl
Eberhard und der Raß Günter spielten da mit. Die

hatten unter dem Casino ihren Jazzkeller. Immer
freitags war dort öffentliche Probe.

Natürlich besuchten wir die auch. Ihr Keller setzte
sich aus mehreren kleinen Gewölben zusammen,
in denen Tische und Bänke standen. Zu trinken
gab es nur Alkoholfreies. Manchmal kamen auch
die Jazzer vom Ziegeltor hierher. Dann spielten sie
zusammen.

Und da waren noch die Dixieland-Boomers. Das
Besondere an denen war, dass einer auf dem Flügel-
horn spielte: der Nentwig Armin. Und sie hatten
zwei Banjospieler, den Spörl Hardi und den Frey
Günther. An der Posaune war der König Hermann
und am Schlagzeug der Rothwange Dietmar. Diese
Band hatte ihren Probenraum in einem Turm der
Stadtmauer in der Nähe des Bahnhofs. Dort war es
aber so eng, dass sie meist auf Zuhörer verzichten
mussten.

Beim Jazzband-Ball im November 1961 traten
dann alle diese Bands gemeinsam auf. Legendär
waren bei solchen Auftritten immer die Soli vom
Spörl Hardi auf dem Banjo. Der beherrschte zwar
sein Instrument wirklich gut, aber wenn der zu
einem Solo ansetzte, fand er immer kein Ende. Da
konnte man in der Zeit ruhigen Gewissens zum
Bieseln hinausgehen.

Wieder war es der Peter, der eines Tages mit der
Nachricht kam, dass er vielleicht für uns einen
Jazzkeller wisse.

Es war durchaus ungewöhnlich für eine Stadt in
der Größenordnung von Amberg, dass hier so eine
vielseitige Jazzszene entstanden war. Vielleicht
hatte es auch damit zu tun, dass Amberg seit dem

Ende des Zweiten Weltkriegs amerikanische Garnisonsstadt war. Die Einflüsse dieser Soldaten, überhaupt die ganze Mode der Amerikaner mit den Blue Jeans, dem Rock'n'Roll und ihrer anderen Musik, z.B. den Spirituals, waren überall zu spüren.

Im Josefshaus erlebte ich damals live das Golden Gate Quartett. Diese vier schwarzen Sänger begeisterten mich ungemein. „Joshua fit the battle of Jericho", „Swing low" und „Go down Moses" gehörten von da an zu meinem Repertoire auf der Gitarre.

Sicher hatte an der Entwicklung des Amberger Jazz auch der Komponist Erwin Walther, dessen Sohn Gerd bei den Jazzin' Babies spielte, seinen Verdienst. „Er ist den Amberger Jazzern als steter Freund und Berater zur Seite gestanden und man kann ihn als den Motor im Amberger Jazzleben bezeichnen", so stand es in der Zeitung.

Und es gab den Jazzclub „Pigalle". Der hatte auf dem Gelände der Emailfabrik Baumann sein Domizil. Etwas Genaueres wussten wir von dessen Mitgliedern nicht. Die waren viel älter als wir, so dass die sich gar nicht mit uns befassten. Was wir aber wussten, war, dass dem Peter sein großer Bruder dort verkehrte. Für diese Jazzer war der Bayerische Hof Stammkneipe, wo wir uns kaum hineinwagten. Wenn wir mal ein Bier tranken, dann im Goldenen Lamm.

Der Peter, der ja von einem dieser „alten" Jazzer Gitarrenunterricht bekommen hatte, meinte, dass im Stadttheater ein kleiner Jazzkeller frei sei. Den hatten früher einige vom Jazzclub genützt und auch ausgestaltet.

„Wie soll ma denn da rankumma, mia san ja nu niat amal 16 Joahr", warf Edi ein.

„Ich wers üba mein Brouda vasoucha", antwortete Peter.

Mit der Hoffnung, dass da was draus würde, gingen wir auseinander.

Bald darauf ergab sich wirklich die Gelegenheit, zusammen mit dem Lothar, dem Bruder vom Peter und jemandem von der Stadtverwaltung diesen Keller in Augenschein zu nehmen. Gespannt waren wir schon.

Wir trafen uns am Schrannenplatz. Links neben dem Eingang zum Casino befand sich eine Eisentreppe, die zu einer Tür führte, die als Notausgang der ehemaligen Bühne diente. Die frühere Bühne des Theaters war ja an der Stelle, wo heute der Haupteingang zum Zuschauerraum liegt. Das jetzige Foyer war Requisitenraum. Unter dieser Eisentreppe führte nochmals eine doppelte Tür in einen Innenraum, der früher als Garderobe der Schauspieler benutzt wurde. Dieser dunkle Raum ohne Fenster war schmal und lang. Er wurde deshalb auch Schlauch genannt. Am rückwärtigen Ende des Schlauches, so nach fünf Metern, führte eine Holztreppe zu einer weiteren Tür, durch die man wieder hinter die Bühne kam.

Die Wände des Jazzkellers waren schwarz angestrichen und mit weißer Farbe war die Skyline von Manhattan aufgemalt. Das hatte uns auch auf die Idee mit dem neuen Namen für unsere Band gebracht. Alte, gepolsterte Stühle aus dem Mobiliar des Theaters und ein Sofa bildeten die Einrichtung. Auch ein großer Kühlschrank der Brauerei Bruckmüller stand da. Zwischen den beiden Türen am Eingang war etwa ein Meter Platz. An den Wänden dort klebten allerlei Plakate. Staunend schauten wir uns um. Wir waren begeistert.

„Des wär genau des Richtige für uns. Schau, dou auf dem Podest von dera Treppn kannt ma as Schlagzeug histelln. Die Gitarrenspieler kenna af de Stufen sitzen, da Bass steht unten, da Leo kann se mit seinm Waschbrett nebas Schlagzeug hocka und da Edi mitm Schlauchophon stellt se neban Kastnbass." Der Peter hatte sofort die Lage überschaut. Der Mann von der Stadt sperrte dann auch noch die Türe auf, zu der die Treppe führte. Wir standen jetzt im Bühnenraum des Stadttheaters. Fast gespenstisch sah es hier aus. Nur ein winziger Lichtschein drang durch ein Seitenfenster. Staub lag überall. Auf der Bühne stand Gerümpel herum. Im Zuschauerraum waren die rot gepolsterten Sitze hochgeklappt. Recht viel konnten wir nicht erkennen. Der größte Teil des Raumes lag im Dunkeln.

„Es ist gerade mal zehn Jahre her, dass das Stadttheater wegen Baufälligkeit und Mangel an brand- und sicherheitstechnischen Einrichtungen baupolizeilich geschlossen werden musste", erklärte uns der Bedienstete.

Etwas frustriert kehrten wir zurück. Wie sollten wir hier den Jazzkeller bekommen, wenn doch diese schwerwiegenden Gründe für die Schließung des ganzen Theaters verantwortlich waren?

Der Edi ließ sich nicht entmutigen. Immer wieder fragte er bei der Stadt nach.

Wir glaubten schon fast gar nicht mehr daran, als einige Wochen später der Edi ins Jugendheim kam und schrie: „Stellts euch vor, mia kriegn den Keller!"

Den Edi haben wir dann fast erdrückt, so freuten wir uns.

Der Günter, unser Bassist, war der älteste von uns. Mit seinen fast 21 Jahren unterschrieb er für uns bei der Stadt. Unser Schlagzeuger Brille hatte gerade seine Lehre als Kaufmann bei der Ledergroßhandlung Liersch beendet. Er war zwar auch noch keine 18, aber auf seinen Namen lief dann die Stromabrechnung der Stadtwerke für den Keller. Das war alles an Formalitäten. Der Kühlschrank war weiterhin eine Leihgabe. Wir mussten nur die Getränke in der Brauerei nebenan kaufen. Aber das hätten wir sowieso getan, weil es der kürzeste Weg war.

Jeder von uns bekam einen Schlüssel. Wenn es die Zeit irgendwie zuließ, saßen wir in unserem Keller. Es gab Protest vom Kaplan der Katholischen Jugend, weil wir plötzlich mit unseren Instrumenten aus dem Jugendheim verschwanden. Hier im Jazzkeller hatte er nichts mehr zu bestimmen. Da bestimmten wir selber.

Und so wie es der Peter schon bei der Besichtigung umrissen hatte, so platzierten wir auch das Schlagzeug und setzten oder stellten uns zum Üben hin. Recht viel andere Möglichkeiten gab es auch gar nicht, wollten wir doch, dass sich auf den Stühlen und dem Sofa möglichst viele Zuhörer setzen würden. Am liebsten Mädchen.

Natürlich übten wir nicht nur, wenn wir uns im Keller trafen. Oft saßen wir nur da, hörten Schallplatten, denn wir hatten den alten Plattenspieler unserer Vorgänger übernehmen können, tranken Cola oder Gwasch, ab und zu ein Bier.

Als es wärmer wurde im Frühjahr, saßen wir auch draußen auf der Eisentreppe, klimperten auf unseren Gitarren und summten unsere neuen Songs. Schnell sprach sich herum, dass wir neben dem Casino einen Keller hatten. Zuhörer stellten sich ein, auch Mädchen, die von der DAG-Jugend und sogar welche aus Kümmersbruck. Die von der Pfarrjugend von St. Martin trauten sich nicht zu uns oder man hatte sie davon abgehalten.

Auch mich versuchte der Kaplan zu beeinflussen: „Findst du niat, dass des niat zsammpasst, du als Gruppenführer und däi Band in dem Jazzkeller?"

Für mich passte es gut zusammen. Zumindest vorerst noch. Es gefiel mir, wenn wir mit den anderen Bands auftraten.

Einmal gab es sogar im Ringtheater eine Jazz-Matinee, wo auch wir mitspielten. Ein anderes Mal zogen an einem Frühsommersonntag alle Bands und Jazzfans nach Ammerthal. Die Instrumente wurden auf Leiterwägen mitgeführt. Im Gasthaus „Zur Spitz" traten wir auf einer kleinen Bühne auf.

Die Abende im Keller waren wunderschön. Niemand redete uns irgendwie drein. Wir übten neue Songs, wir hörten Jazz, wir quatschten stundenlang. Oft vergaßen wir dabei die Zeit.

An einem Freitag wurde es besonders lang. Zuerst waren wir im Keller nebenan und hörten den Dixieland-Boomers zu.

„Kumm, etz gehn ma nu af a Stund in unsern Kella", meinte der Leo. Alle waren dabei.
Wir alberten herum, probierten neue Stücke aus, quatschten über unsere Auftritte wie dem bei der Jazzmatinee.
„Etz rentiert se as Hamgeh a nimma, es is scho halba viere." Erschrocken schauten wir den Edi an.
„Heit mach ma durch!" war die einstimmige Meinung.
So blieben wir dann schon etwas müde hocken. Manchmal nickten wir auch ein. Wenn vom Lautsprecher her das kratzende Geräusch kam, wussten wir, dass die Platte zu Ende war.

Um sechs Uhr in der Früh schlichen wir uns davon. Ich hatte es nicht weit zur Lederergasse.
Als ich wenige Minuten später den Vilssteg bei der Netzermühle überquerte, bekam ich doch ein schlechtes Gewissen.
Wie ich dann um die Ecke zur Lederergasse einbog, sah ich auch schon meinen Vater, der gerade im Begriff war das Haus zu verlassen.
„Grad wollt i zur Polizei, weilst die Nacht niat hamkumma bist."
Strafend schaute er mich an, doch ich glaube, sein Blick drückte eher die Sorgen aus, die er sich um mich gemacht hatte.
Ich brachte keinen Ton der Erklärung heraus. Was soll man auch schon erklären, wenn man die ganze Nacht ohne Bescheid zu sagen nicht heimkommt.
„Bou, des machst ma koa zwoats Mal!"
Damit ließ es mein Vater bewenden.

Liebe oder Liebelei?

Es war kalt und dunkel und der Wind pfiff um die
Martinskirche. Schon fast eine halbe Stunde stand
ich hier am Schricker-Eck und wartete auf die Anne-
lies. Endlich hatte sie Feierabend. Mit noch zwei
anderen Mädchen kam sie aus dem Modegeschäft.
Etwas verlegen stand ich da und wusste nicht so
recht, was ich sagen sollte.
„Ich hab auf dich gwartet ... Ich wollt dich heim-
begleiten", brachte ich dann doch heraus. Die beiden anderen Mädchen verabschiedeten sich.
Jetzt waren die Annelies und ich allein.
„Wou wohnstn du?", wollte ich wissen.
„In da Sebastianstrouß, glei beim Gfängnis", war
ihre Antwort.
„Is dir denn recht, wenne mitgäih?"
„Scho."
Dann gingen wir schweigend nebeneinander über
den Salzstadlplatz an der Vils entlang zur Schiff-
brücke. Wie zufällig berührten sich beim Neben-
einandergehen ab und zu unsere Hände.
Als wir dann die Treppen der Brücke hinaufstie-
gen, nahm ich ihre Hand in die meine. Sie ließ es
geschehen. Hand in Hand schlenderten wir weiter
die Wingershofer Straße entlang. Viel geredet haben wir nicht. Aber es war unheimlich schön mit
ihr da zu gehen.
„Dou drübn wohn ich", Annelies deutete auf ein
kleines Haus in der Sebastianstraße.

„Etz mousst umkehrn. Kummst morgn wieder?"
Ich glaube, ich konnte nichts darauf antworten, so
voller Freude war ich. Ich nickte nur.

Die Annelies war im zweiten Lehrjahr als Ver-
käuferin beim Modehaus Schricker. Mit ihren
Freundinnen, die auch dort lernten, hatte sie sich
der DAG-Jugend angeschlossen. Mein Freund, der
Peter, kannte sie schon von der Berufsschule.
„Du, die Annelies kummt mit ana Freundin heit
zu uns", hatte er eines Abends verkündet, als wir
uns im Gruppenraum der Gewerkschaftsjugend im
Hafnergässchen trafen.
„Des is a ganz a Nette", fügte er noch hinzu.
„I glaub, mit der möchate gäih."
Nach der ersten gemeinsamen Gruppenstunde
konnte ich Peters Meinung nur bestätigen. Die
Annelies schaute wirklich gut aus, hatte eine sport-
liche Figur und einen frechen Kurzhaarschnitt. Der
Peter musste dann enttäuscht feststellen, dass die
Annelies nicht an ihm interessiert war, sondern
mehr an mir.
Anfangs konnte ich das kaum glauben. Doch bei
so manchen Spielen im Gruppenraum merkte ich
es schon. Und dann nahm ich meinen ganzen Mut
zusammen und fragte sie, ob ich sie von der Arbeit
abholen dürfe.
„Ja, gern, aber des dauert manchmal, bis mia alles
zsammgräumt habn. Wennda des niat zu lang is,
dat i mi scho freua."
Und so war es dann auch gekommen.

Mehrmals in der Woche holte ich die Annelies von
der Arbeit ab. Auch nach unseren Zusammenkünf-

ten bei der Gewerkschaftsjugend brachte ich sie heim. Manchmal war es da schon recht spät.
Bis ganz vor ihr Haus haben wir uns dann doch nicht getraut so Hand in Hand.
Meist blieben wir an der Ecke von der Hockermühlstraße zur Sebastianstraße unter der großen Kastanie stehen. Die Straßenbeleuchtung reichte nicht bis dorthin. In der Dunkelheit des alten Baumes schmiegten wir uns eng aneinander. Zaghaft streichelte ich sie, ganz warm fühlte sich ihr Körper an. Ein flüchtiger Kuss noch und dann bin ich wieder zurück zum Marktplatz und zur Lederergasse.

Ich war verliebt, zum ersten Mal.
Daheim lag ich in meinem Bett und wusste nicht so recht wohin mit meinen Gefühlen. Dann träumte ich davon, wie es wäre, wenn die Annelies mit in unseren Jazzkeller käme. Ich stellte mir vor, wie wir gemeinsam auf dem Sofa sitzen würden. Ganz nah beieinander. Oder wie wir in der Dunkelheit des Kellers zu einem langsamen Blues tanzen würden, Wange an Wange. Oh, wär das schön!
Doch da meldete sich auch schon mein Gewissen.
„Der erste Kuss soll der zukünftigen Mutter deiner Kinder gehören." So hatte es uns der Kaplan bei der Katholischen Jugend eingeimpft.
Mir fiel wieder ein, wie mich beim Tanzen in unserer Wohnung die Annette schon einmal geküsst hatte. Das konnte doch nicht Liebe sein. Die war ja um sechs Jahre älter als ich und damals ganz sicher nicht ernsthaft an mir interessiert.
Und jetzt? Die Annelies? War das schon Liebe?
Wie war das denn mit dem Küssen?

War das Küssen schon Sünde? Zumindest zog es
wieder Sünden nach.

Ich hatte die Worte unseres Kaplans stets sehr ernst
genommen. Ich versuchte mit meinem Zwiespalt
zurechtzukommen.
Ich war Gruppenführer bei der Katholischen Jugend. Da sollte ich Vorbild sein. Ich war bei den
Ministranten, ja sogar ein Jahr lang Oberministrant. Von mir wurde erwartet, dass ich beim
Ministrieren auch an der Kommunion teilnahm.
In meiner Not ging ich manchmal jede Woche
zum Beichten, damit ich wenigstens beim Sonn-
tagsgottesdienst kommunizieren konnte. Eigentlich gab es ja nichts weiter zu beichten, außer den
Verfehlungen im sechsten Gebot. Und immer im
Beichtstuhl diese Frage: „Allein oder mit anderen?" Natürlich allein. Ich hätte mich doch gar
nicht getraut, so etwas mit einem Mädchen zu tun.

Bei den Einkehrtagen, Vorträgen und Gruppenstunden war immer von „Selbstbeherrschung" die Rede
und vom „Warten bis zur Ehe".
Als ich einmal den Pfarrer bei der Beichte fragte,
wie das denn bei den Mädchen sei, ob es da auch
so etwas wie Selbstbefriedigung gäbe, da antwortete der nur, dass das bei Mädchen was ganz
Schlimmes sei, wenn eine einmal damit anfinge.
Manchmal nahm ich lieber den Weg hinauf zur
Mariahilfbergkirche in Kauf. Der Pater Humilis,
der hörte schon ein wenig schlecht. Wenn man da
im Beichtstuhl ganz bewusst leise sprach, dann
fragte der nicht auch noch nach. Der steile Weg
hinauf war eh fast schon vorweggenommene Buße.

Der Peter, der Leo, der Edi, der Willi und ich, alle
waren wir jetzt zur Berufsausbildung in Büros.
Auch unser Schlagzeuger und der weitere Gitarrist.
Wir hatten uns alle neben der Katholischen Jugend
auch der DAG-Jugend angeschlossen, was den drei
Kaplänen von St. Martin, vor allem dem Kaplan
Hirtreiter, gar nicht passte.
Bei der Gewerkschaftsjugend gab es keine Moral-
predigten. Und vor allem gab es dort Gruppenstunden, bei denen Mädchen und Jungs beieinander
waren. Wir spielten zusammen, wir sangen, wir
wanderten.
Und erst die Zusammenkünfte in unserem Keller!
Da konnten wir rumsitzen und quatschen. Da
konnten wir albern sein und manchmal laut plär-
ren. Da konnten wir mit Mädchen beim Tanzen
rumschmusen.

Langsam kam ich mir vor, als ob ich zwei ganz un-
terschiedliche Leben führen würde:
Im einen, da war ich der Oberministrant, der am
Sonntag beim Hochamt im feierlichen Gewand mit
den goldenen Quasten und ernster Miene am Altar
stand, und der Gruppenführer, der mit seinen Jungs
zum Zelten, zum Wandern ging und in Gruppenstunden Vorträge hielt.
Im anderen, da war ich der ausgelassene Gitarrist
der Skiffle-Group Manhattan, der in den verschiedenen Amberger Jazzkellern rumhing und sich
wieder einmal in ein Mädchen verguckt hatte.
Immer mehr geriet ich in Konflikte.
Das mit der Annelies dauerte nicht sehr lange.
Ich weiß auch die genauen Gründe nicht, warum
das so bald wieder auseinanderging. Wahrschein-

lich hatte ich mir das mit dem ersten Kuss, wem der gehören sollte, zu sehr zu Herzen genommen.

Zu sehr hatte ich das verinnerlicht, was uns Jugendlichen an einem der Vortragsabende der Reihe „Jugend heute" ans Herz gelegt worden war.
Zum Thema „Liebe oder Liebelei?" sprach ein Pfarrer aus Würzburg im vollbesetzten Saal des Josefshauses. Er nannte als Fundament für eine gesunde Ehe Selbstbeherrschung und Hingabe, wobei „die Jungfräulichkeit nichts Verachtenswertes" sei. Der Geistliche verwies in diesem Zusammenhang auf die Jungfrau Maria.
Dann gab er uns noch fünf Ratschläge mit auf den Weg für unsere spätere Ehe: Reinheit, Selbstbeherrschung vor und in der Ehe, Freude, Zufriedenheit und Humor.
Jetzt kannte ich mich gar nicht mehr aus. Wie passten diese fünf zusammen? Welche Erfahrungen hatte der Pfarrer, um Ratschläge für eine Ehe zu geben? Wie meinte er das mit der Jungfrau Maria und der Jungfräulichkeit? Und das mit der Selbstbeherrschung?

Überhaupt war das Sündenregister des Beichtspiegels so eingeengt auf die Schwierigkeiten, die man als junger Mensch mit der Sexualität hatte. Andere Sünden kamen fast nicht in Frage.
Und dann stets diese nachbohrenden Fragen im Beichtstuhl: „Wie genau? Mit wem? An was hast du dabei gedacht?"
Wie peinlich das alles war und wie erniedrigend!
Man schwebte zum ersten Mal auf der Wolke des Verliebtseins, merkte, dass es neben Händchenhal-

ten und zärtlichem Streicheln auch die erwachende Sexualität gibt. Doch die war sündhaft und verboten.

Auch bei der Katholischen Jugend gab es gemeinsame Veranstaltungen von Jungen und Mädchen: Wanderungen, Ausflüge mit dem Bus, Faschingsfeiern und Tanzabende. Die Gruppenstunden waren aber immer getrennt.

Im Sommer 1962 kam es zum Bruch zwischen mir und der Band. Es gab keine großen Auseinandersetzungen oder Streitereien, eher Kleinigkeiten. Ich hatte das Gefühl, dass ich mich entscheiden musste. Entscheiden zwischen den sorglosen Stunden mit meinen Freunden im Jazzkeller und den Aufgaben als Gruppenführer im Jugendheim und am Altar.

Ich hatte mich entschieden. Ich trat aus der Band und der Gewerkschaftsjugend aus und ließ alle meine jahrelangen Freunde zurück.

Das fiel mir zu dem Zeitpunkt nicht einmal schwer. Erst viel später merkte ich, welchen Schnitt ich da gemacht hatte.

Von oben herab

Es war keineswegs das erste Mal, als ich mit dem
Leo und dem Fritz auf den Martinsturm stieg.
Schon in den letzten Jahren durften wir Ministranten immer am Karfreitag und Karsamstag hinauf.
Das war unser Privileg, sonst war das damals nie-
mandem erlaubt. An diesen beiden Tagen schweigen in katholischen Kirchen die Glocken und statt
des Zwölf-Uhr-Läutens am Mittag betätigten wir
oben auf der Galerie des Turms vier Ratschen. Das
waren Holzgestelle, an denen dünne Fichtenbrett-
chen angebracht waren, die wiederum Kontakt
zu einer gezähnten Walze hatten. Durch Drehen
an einer seitlichen Kurbel wurde diese Walze be-
tätigt und die Federblätter gaben dann ein lautes,
schnarrendes Geräusch. Auf allen Seiten des Turms
drehten wir gleichzeitig. Natürlich hörte man das
nicht so weit wie das Mittagsläuten, aber unten am
Marktplatz konnte man es deutlich vernehmen.

Diesmal stiegen wir mit Eimer und Besen ausge-
rüstet hinauf. Schon seit ein paar Wochen waren
verschiedene KJGler dabei, das Türmerzimmer,
welches in Höhe der Galerie bei der großen Turmuhr lag, als Gruppenraum herzurichten. Es musste
zuerst einmal von dem Staub und Dreck, der sich
seit Jahren hier angesammelt hatte, befreit werden.
Das war nicht einfach, denn auch die Arbeitsgeräte
mussten wir hinaufschleppen. Und es waren ja

schon 104 Stufen bis zum Dachboden, dann 28 bis zu der eisernen Feuertür, durch die man erst den eigentlichen Turm betrat. 45 weitere Stufen führten zu einem großen Holzrad, mit dem früher die Glocken und das Baumaterial hinaufbefördert worden waren. Nun noch eine enge Wendeltreppe mit 128 Stufen, dann war man endlich oben. Ich hab sie oft genug gezählt beim Hinaufsteigen. Wenn wir auf die Galerie mit ihrem kunstvollen Eisengitter hinaustraten, bot sich uns ein herrlicher Rundblick über ganz Amberg und das Hinterland. Selbstverständlich belohnten wir uns jedes Mal zuerst mit dieser Aussicht für die Mühen des Aufstiegs, bevor wir uns im Türmerzimmer an die Arbeit machten. Die parkenden Autos auf dem Marktplatz sahen von oben herab wie Spielzeug aus. Die Stadtmauer mit ihren Toren. Der Blick nach Osten zu den Oberpfälzer Waldbergen und zum Mariahilfberg. Man meinte fast, man wäre auf gleicher Höhe. Oder nach Westen über die Georgskirche hinweg zu den Jurahöhen. Die Vils tief unten am Fuße des Turms. Da wurde einem fast schwindlig, wenn man so steil nach unten sah auf die Krambrücke. Und wie der Fluss dann die Altstadt verlässt durch diesen Teil der ehemaligen Stadtbefestigung, dessen beide Bögen sich so im Wasser spiegeln, dass jeder Amberger nur von der „Stadtbrille" spricht. Oft vergaßen wir vor lauter Schauen, dass wir eigentlich zum Arbeiten hier heraufgekommen waren.

Den Unrat und Dreck mussten wir eimerweise hinuntertragen. Manchmal, wenn wir mehr waren, bildeten wir eine Kette, damit nicht jeder immer wieder bis ganz hinunter- und hinaufsteigen musste.

Das Türmerzimmer war recht spartanisch eingerichtet: ein großer Tisch, einfache Stühle, eine
Holzbank und eine schmiedeeiserne Lampe. Die
weiß gekalkten Wände zierten ein Amberger Wap-
pen und ein schlichtes Holzkreuz. Durch ein Fenster konnte man in den verschlossenen Nebenraum
blicken, wo sich das Räderwerk der Turmuhr befand, das Meisterstück des Amberger Uhrmachers
Janner.

Manchmal schoben wir das Arbeiten nur vor, damit
wir vom Mesner den Turmschlüssel bekamen. Der
kannte mich als Ministrant und vertraute mir.
Überhaupt war das mit dem Turmzimmer schon
eine große Auszeichnung für die einzelnen Gruppen und ein Vertrauensbeweis seitens des Stadt-
pfarrers und seiner Kapläne. Nicht auszudenken,
wenn da mal was passiert wäre.
Immer wieder hatte uns der Kaplan Bumes zwar
eingeschärft, wie wir uns beim Aufstieg verhalten sollten und „dass ihr mir da ja koan Blödsinn
machts, dou drobn." Ganz hielten wir uns nicht
dran.

Besonders beeindruckt waren wir jedes Mal,
wenn wir nach der steinernen Wendeltreppe am
Dachboden angelangt waren. Neben dem Turm
ist es vor allem dieses mächtige Dach der Martinskirche, das alle anderen Bauten der Altstadt
überragt.
Durch Luken konnten wir auf das dreischiffige
Gewölbe schauen. Von manchen Luken führte
eine kleine Holztreppe etwa zwei Meter hinab
zum gemauerten Netzgewölbe. Da trauten wir

uns aber nicht hin. Aber wir konnten durch kleine
Öffnungen hinunterspechten bis zu den Kirchen-
bänken und zum Altarraum.
Sogar einen Fußball nahmen wir einmal mit auf
den Dachboden. Und da spielten wir dann auch.
Die starren Holzstützen waren wie ungelenke
Verteidiger, die wir umdribbelten. Zwischen zwei
Stützbalken war das Tor. Doch dann war plötzlich
der Ball weg. Einfach verschwunden. Er muss
durch eine offene Luke hinunter gerollt sein auf
das Gewölbe. So sehr wir auch suchten, wir fanden
ihn nicht mehr.
Wir stellten uns dann vor, wenn im Halbdunkel
des Kirchenschiffs bei einer feierlichen Andacht
die Gläubigen ihre Augen himmelwärts richten
würden, wie plötzlich aus einer Spitze des Mittel-
schiffs der Fußball auf einer Weihrauchwolke zu
Boden schwebte. Wie erschrocken da die Betenden
wohl wären und der Pfarrer. Da mussten wir dann
laut lachen.

Einmal wagten wir uns zu dritt sogar weiter. Über
der großen Turmuhr befindet sich nochmals eine
Glockenstube mit zwei kleineren Glocken, eine davon die Feuerglocke. An den großen Schallfenstern
kann man das gut sehen. Zu den Aufgaben des Tür-
mers, der noch bis 1921 hier oben seinen Dienst
versah, zählte es, die Feuerglocke bei Brand- oder
Feindesgefahr anzuschlagen.
Bald waren wir im Innern der Kupferhaube des
Turms angekommen. Nur noch ein paar Stufen,
dann öffneten wir die Luke am Boden der Laterne.
Der Blick von da war noch überwältigender als der
von der Galerie. Da sahen wir bis zu den Bergen

des Bayerischen Waldes, selbst den Arber konnten wir erkennen.

Von diesem einzigartigen Erlebnis trauten wir uns aber nichts erzählen, denn es war uns ausdrücklich verboten worden, von der Galerie aus weiterzusteigen. Also behielten wir dieses Geheimnis für uns.

Gerne waren wir um die Mittagszeit auf dem Turm. Auf das Zwölf-Uhr-Läuten warteten wir dann bei der Glockenstube. Das war ein ohrenbetäubender Lärm in unmittelbarer Nähe der schwingenden Glocken. Insgesamt sieben Glocken hängen hier, die älteste aus dem Jahr 1318.

„Und das da ist die Arme-Sünder-Glocke", hatte uns der Gert einmal erzählt, als wir mit ihm hinaufgestiegen waren. „Die kann man noch per Seilzug betätigen und die wurde einst während Hinrichtungen geläutet."

Ungläubig hatten wir ihn angeschaut.

„Da staunt ihr, was? In Amberg wurden bis vor dreißig Jahren noch Verurteilte mit der Guillotine geköpft." Schweigend waren wir weiter gestiegen.

So herrlich der Blick von oben herab ist, so beeindruckend ist auch der ganze Kirchenbau von unten. Die Martinskirche prägt das Stadtbild von Amberg. Von überall her in und außerhalb der Altstadt kann man die große Turmuhr erkennen. Als wir als Schulkinder vor dem Ziegeltor gespielt hatten, konnten wir immer gut die Uhrzeit ablesen, damit wir auch rechtzeitig daheim waren.

Schon 1954 gab der damalige Stadtpfarrer von St. Martin, der bischöfliche geistliche Rat Pronadl, die Broschüre „Die Stadt Amberg und ihre kirchliche Vergangenheit" heraus. Mit den Werbeanzeigen darin und dem Verkauf des Heftchens sollte Geld für das geplante Jugendheim zusammenkommen. Meine Mutter hatte selbstverständlich diese Broschüre erworben. Jetzt, da ich selbst Gruppenführer war, las ich darin, denn ich wollte ja auch etwas erzählen können, wenn wir auf den Turm steigen würden.

Nach Eröffnung des Gruppenzimmers auf dem Martinsturm erschien ein großer Zeitungsbericht in den Stadtnachrichten der Amberger Zeitung. „Wenn nicht alles trügt, darf die Jugend von St. Martin den Anspruch erheben, die ‚höchste Jugendgruppe' der Oberpfalz, wenn nicht sogar Bayerns und der Bundesrepublik zu sein, denn sie hat sich das Türmerzimmer von St. Martin zum Gruppenraum ausgebaut. Dort hält sie Gruppenstunden für ihre Mitglieder ab."
Besonders schön wurden diese Stunden am Abend. Der Blick über die beleuchtete Stadt, im Westen gegen Ammerthal zu der letzte, helle Streifen von der untergehenden Sonne. Der Abendstern, der schon funkelte. Und die Gruppenstunde mit einer spannenden Geschichte.
Zu so einer Stunde wollte einmal auch die Mädchengruppe von der Käthe hinaufsteigen. Einige von diesen Mädchen sahen wir sehr gerne und kannten sie auch vom Tanzen im Jugendheim gut. Trotzdem wollten der Anton, der auch Gruppenführer war, und ich denen einen Schrecken einjagen. Wir wussten, dass sie bei Einbruch der Dunkelheit über die Wendeltreppe vom Marktplatz aus heraufkommen würden.

Mit einem Schlüssel, den ich mir in der Sakristei ausborgte, konnten wir vom Kirchenraum aus zur Orgel und von da auch zu dieser Treppe, die zum Dachboden führte. Wir hatten uns einen kleinen Eimer Wasser mitgenommen. Wir mussten vor den Mädchen oben sein.

Die Holztreppe, die zur Feuertür des Turms führt, ist durch ein Holzgitter vom eigentlichen Dachboden abgetrennt. Hinter diesem verbargen wir uns. Dann hörten wir die Mädchen.

Als die ersten die Stufen der Treppe betreten hatten, tauchten wir leise unsere Hände in das kalte Wasser. Durch die Holzlatten griffen wir nun nach den Waden einiger Mädchen und stießen dabei fürchterliche Laute aus.

Die so Erschreckten schrien laut auf, kehrten schnellstens um zum Dachboden und drängten sich ängstlich um ihre Gruppenführerin. Die Käthe, eine resolute junge Frau, ahnte sofort, warum es hier spukte.

„Des kinna doch bloß da Anton und da Fritz sa!"

Ohne Seil und Haken

Verreisen war für mich ein Fremdwort, zumindest bis zu meinem 17. Lebensjahr. Aus Amberg weg war ich bis dahin nur selten gekommen. Als Kind mal für eine Woche in den Ferien zum Onkel Schorsch nach Nürnberg.

Oder mit meinem Firmpaten mit dem Auto nach München ins Hofbräuhaus. Mein Firmpate hatte nämlich in Amberg die Biervertretung dafür. Da nahm er meine Eltern und mich einmal mit. Außer dem Hofbräuhaus, wo wir zur Brotzeit eingeladen waren, habe ich aber von München nichts gesehen. Meine Eltern hatten kein Auto, auch meine Geschwister nicht.

Die Umgebung von Amberg erwanderten wir uns in unserer Jugendzeit: Ammerthal, Waldhaus im Hirschwald, den Johannisberg. Weiter entfernte Ziele wurden mit dem Rad erreicht: Kastl und das Lauterachtal, der Oberpfälzer Wald, die Donau und Regensburg.

Mit den Ministranten und der Katholischen Jugend machten wir jedes Jahr mit dem Bus einen Tagesausflug: zum Donaudurchbruch bei Weltenburg, zum Fichtelsee, zum Arber oder zum Falkenstein in den Bayerischen Wald. Das waren besondere Erlebnisse für mich.

Außer den Bergen des Oberpfälzer und Bayerischen Waldes kannte ich keine. Zumindest nicht in echt.

Für Sonntag und Montag, den 16. und 17. Juni 1963, war der gemeinsame Jahresausflug unserer Pfarrjugend in die Bayerischen Alpen zum Wendelstein geplant. Der 17. Juni war damals noch Tag der Deutschen Einheit und Feiertag. Im Schaukasten des Jugendheimes lasen wir neugierig die Informationen: Frühmesse in St. Martin, Fahrt mit dem Bus zum Tegernsee, Weiterfahrt nach Brannenburg, Aufstieg zur Mitteralm am Wendelstein, Übernachtung in der Hütte, Fahrt mit der Zahnradbahn, Gottesdienst am Gipfel, Abstieg und Heimfahrt.

Es war genau aufgeführt, was mitzunehmen war. So hoch wie am Wendelstein mit seinen 1838 Metern war ich noch nie. Mein höchster Berg war bis dahin der Große Arber mit 1456 Metern.

Wir konnten den Juni kaum erwarten.

Die erste Enttäuschung kam schon am Sonntag in aller Früh nach dem Gottesdienst. Es regnete in Strömen. Der guten Laune im Bus tat das keinen Abbruch. Doch am Tegernsee war es dann recht ungemütlich. Die Holzlandestege waren ganz rutschig und luden nicht zum Verweilen ein. Von den Bergen sahen wir auch nichts, so wolkenverhangen waren sie.

Zu Fuß ging es vom Parkplatz in Margarethen bei Brannenburg in etwa eineinhalb Stunden zur Mitteralm auf 1200 Metern Höhe. Das waren meist breite Wanderwege. Der Regen ließ nicht nach. Kaum einer von uns hatte feste Bergstiefel, die meisten einfache, leichte Wanderschuhe. Vollkommen durchnässt erreichten wir am Spätnachmittag die Almhütte.

Die Stimmung besserte sich erheblich, nachdem wir unsere Kleidung und Schuhe um den großen Kachelofen zum Trocknen ausgebreitet hatten und wir das Abendessen bekamen. Es wurde noch ein zünftiger Hüttenabend mit Liedern und Spielen. Dass man an so einem Abend nicht bald schlafen gehen will, erklärt sich von selbst. Aber so gegen elf, spätestens zwölf Uhr verzogen sich die meisten dann doch in ihre Schlaflager.

Nur der Anton, die Lydia, die Gitta und ich nicht. Es hatte mittlerweile aufgehört zu regnen und der Mond war hervorgekommen. Wir konnten die dunklen Umrisse der Berge erkennen. An einem kleinen Felsen, vielleicht hundert Meter von der Alm weg, setzten wir uns hin, lauschten in die Nacht und betrachteten den Himmel.

Zurück in der Hütte, die anderen schliefen bereits, stachen uns die vielen Schuhe um den Kachelofen in die Augen, wie sie fein säuberlich und paarweise dastanden. Da konnten wir nicht widerstehen. Zuerst stellten wir natürlich unsere vier Paar zur Seite, dann warfen wir die anderen durcheinander und verknoteten sie miteinander. Danach schlichen auch wir in unsere Schlafräume.

Es war eine kurze Nacht. Um 7 Uhr gab es Frühstück. Als wir in den Gemeinschaftsraum hinunterkamen, bemerkten wir, dass einige schon verzweifelt versuchten, ihre Schuhe aus dem Gewirr herauszulösen. Das war mühsam. Die meisten schimpften vor sich hin.

Dann kam Kaplan Bumes. Der schaute so schon immer etwas finster. Aber an diesem Morgen übertraf sein Blick alles, was man von ihm gewohnt war. Unausgeschlafen, mit zerknittertem Gesicht und mürrisch machte auch er sich auf die Suche nach seinen Wanderstiefeln.

Wir setzten uns, wie wenn nichts wäre, zum Frühstück. Irgendeinem fiel dann aber auf, dass wir die einzigen waren, die ihre Schuhe schon hatten. Das entlarvte uns dann als die Übeltäter. Alle schworen uns Rache.

Der Tag wurde dennoch recht schön. Bei strahlendem Sonnenschein fuhren wir mit der Zahnradbahn zum Gipfel, wo der Kaplan in dem kleinen Bergkirchlein einen Gottesdienst hielt. Danach genossen wir die Aussicht hinüber zum Alpenhauptkamm und den Blick ins Bayerische Voralpenland. Noch nie hatte ich die Alpen gesehen und jetzt stand ich auf einem Berg und kam aus dem Staunen kaum mehr heraus.

Über die Schotterfelder kamen wir laufend und springend schnell hinunter.

Auf der Heimfahrt hatten auch die meisten unsere Schandtat mit den verknoteten Schuhen schon längst wieder vergessen. Nur Kaplan Bumes nicht.

„Hast Lust mit in die Dolomiten zu fahren?", wandte sich bald nach diesem Ausflug der Georg an mich.

„Wäi moanstn des?", wollte ich Genaueres wissen.

„Du weißt doch, da Kaplan Kohl is letztes Jahr mitm Helmut und meinem Cousin Hans eine Woche mitm Zelt in den Dolomiten beim Bergwandern gwesen. Und heuer hat er mich gfragt, ob ich mitfahr, mit noch einem. Da hab ich an dich dacht."

Der Kaplan Kohl war in St. Martin für die Mädchen der Pfarrjugend zuständig.

Der Helmut und der Hans hatten letztes Jahr ganz begeistert von diesem Urlaub erzählt, von den schroffen Bergen und den Klettersteigen.
Wir gingen dann am nächsten Tag sofort zum Kaplan Kohl und fragten ihn, ob er das mit den Dolomiten ernst gemeint habe. Es hatte alles seine Richtigkeit. Mitte August sollte das Unternehmen stattfinden. Dolomiten, Südtirol. Das war Italien!

Im VW-Käfer fuhren wir dann zu dritt über Meran ins Grödner Tal nach St. Christina. Ich hatte mir einen Rucksack und feste Bergschuhe ausgeliehen, da ich nur einfache Wanderschuhe hatte.
Schon die ganze Fahrt über bestaunte ich die Landschaft. Solche Berge hatte ich noch nie gesehen. Da war der Wendelstein gar nichts dagegen.
In St. Christina, das fast so hoch liegt wie der Gipfel des Arbers, schlugen wir auf einem kleinen Wiesengrundstück am Waldrand unser Zelt auf.
Von dort aus wollten wir mehrere Touren machen.
Der nächste Morgen zeigte sich in strahlendem Blau. Mit dem Auto fuhren wir über das Sellajoch nach Canazei und zum Karerpass auf 1758 Meter.
Hier war der Beginn meiner ersten Bergtour überhaupt, wenn man von dem lustigen Ausflug zum Wendelstein mal absieht.
Vor uns lag der Gebirgsstock des Rosengartens mit seinen steilen Felswänden in seiner ganzen Schönheit. Auf schmalen Wegen stiegen wir auf zur Rotwandhütte. Ich kam aus dem Staunen gar nicht heraus. Immer neue Aus- und Rundblicke.
„Da, da drübn, des is die Marmolada, die habn ma a no vor." Der Kaplan zeigte nach Osten auf einen schneebedeckten, hohen Berg.

„Wos, dou nauf?" Ungläubig schaute ich den Kap-
lan an. „Ja, freilich, des is da höchste Berg von de
Dolomiten mit über 3300 Metern."
Tief beeindruckt schritt ich weiter.
Unter uns breitete sich ein riesiger Talkessel aus.
Ein schmaler Wanderweg, der sich fast immer auf
gleichbleibender Höhe hinzog, führte uns zur Vio-
lethütte, wo wir Mittagspause einlegten.
Danach wurde es anstrengender, über Schuttkeh-
ren hinauf die Schlucht zur Gartlhütte. Jetzt waren wir schon über 2600 Meter hoch. Die wilde
Felsenlandschaft um uns herum wirkte auf mich
beklemmend. Direkt gegenüber der Hütte ragten
beängstigend steil die Violettürme in den Himmel.
Weiter stiegen wir durch Geröll hinauf zum Sant-
nerpass mit seinen 2734 Metern. Einen Blick für
die Schönheit der Landschaft hatte ich nicht mehr,
denn was jetzt kam, raubte mir fast den Atem.
Ein Klettersteig.
Ich hatte keinerlei Erfahrung, wie man sich da ver-
hält. Drahtseile an fast senkrechten Wänden, ein
kaum schuhbreites Felsband, das an manchen Stellen durch Stahlstifte verbreitert war. Klettergurte
zur Sicherung hatten wir nicht. Voller Angst, mit
feuchten Händen umklammerte ich das Drahtseil
und tastete mich vorsichtig an den Felsen entlang.
Mehrmals kamen uns Bergsteiger entgegen. Da
musste man ausweichen, was nicht ungefährlich
war.
Irgendwie schafften wir es bis hinunter zur Kölner
Hütte, die heutige Rosengartenhütte. Das waren
400 Meter Höhenunterschied. Dem Georg hatte der
Klettersteig anscheinend nicht so viel ausgemacht
wie mir.

Ab der Kölner Hütte zog sich ein zwar noch langer, aber ungefährlicherer Wanderweg quer durch die Schotterhalden der Rosengartenwände. Fast zehn Stunden waren wir unterwegs, ehe wir den Ausgangspunkt unserer Tour wieder erreicht hatten. Müde und erleichtert kehrten wir nach St. Christina zurück.

Nach einem Ruhetag, durch schlechtes Wetter bedingt, nahmen wir die Marmolada in Angriff.
„Da gibts koan Klettersteig", beruhigte mich der Kaplan am Morgen. Er hatte wohl meinen angespannten Gesichtsausdruck bemerkt.
„Da müss ma nur üba an Gletscher. Des is aba koa Problem. Dou geht a astretne Spur auffe. Dou brauchts eich koa Gedankn macha, des pack ma scho!"
Mit diesen aufmunternden Worten fuhren wir los, wieder über das Sellajoch hinunter nach Canazei. Von dort ging eine kleine Straße zum Fedejastausee, wo wir diesmal das Auto abstellten. Ein Sessellift brachte uns dann hinauf zum Fuß des Marmoladagletschers. Es hatte in der Nacht frisch geschneit.
„Ich glaub, mia leiha uns Steigeisen aus", meinte Kaplan Kohl.
Steigeisen? Ich hatte noch nie welche gesehen, geschweige denn benützt.
Das Problem löste sich aber dann schnell von selber, da alle zur Verfügung stehenden schon verliehen waren.
„Dann gehn ma halt so!"
Ohne Steigeisen. Ohne Seil und Haken. Ohne sonstige Sicherung.

Und der schaute schon sehr gewaltig aus, der Marmoladagletscher.

Natürlich hatte der Kaplan recht, man sah deutlich eine Spur, die sich über den Gletscher hinaufzog. Mehrere Seilschaften waren vor uns unterwegs. Wir konnten sie als kleine Punkte erkennen.

An Brüchen und teilweise großen Spalten vorbei stapften wir aufwärts in die große Firnmulde. Die Sonne brannte jetzt auf uns. Ich setzte die Gletscherbrille auf, die ich mit dem Rucksack und den Bergschuhen vom Kaplan Bumes ausgeliehen hatte.

Bald verspürte ich großen Durst. Immer wieder nahm in eine Handvoll Neuschnee und schleckte gierig daran. Nach der Firnmulde kam rechts der Einstieg in die Felsen. Die steile und teilweise brüchige Wand war an wenigen Stellen mit Drahtseilen gesichert. Hinauf machte mir das gar nichts aus. Weiter stiegen wir durch eine Rinne empor zum Nordkamm. Über einen schmalen Firnrücken zog sich ein ausgetretener Pfad zum Gipfel.

Da standen wir jetzt auf 3343 Metern!

Ich konnte es kaum fassen. Diese Höhe, diese Weite, dieser Rundblick!

Und dann schaute ich zurück, wo wir kurz vorher heraufgestiegen waren.

„Dou geh i nimma unte!", war meine feste Überzeugung. Doch wir mussten. Auch der Georg hatte ein wenig Bammel.

Vorsichtig und ängstlich trat ich meinen Rückweg an. Der Schweiß, nicht nur von der Sonne, stand mir auf der Stirn. Dann kam wieder diese Felswand, die mir beim Hinaufsteigen ja noch fast Freude bereitet hatte.

Auf Anweisung des Kaplans wandte ich mich mit dem Gesicht dem Fels zu. Er stieg voraus. Durch meine weit gespreizten Beine konnte ich zu ihm schauen und er zeigte mir, wo ich hintreten sollte. Ich weiß nicht mehr, wie viele Dankesgebete ich am Fuße der Felswand gemurmelt habe.

Der Rest über den Gletscher hinab war dann nicht mehr allzu schwierig, auch wenn wir nicht angeseilt waren. Ich hätte eh nicht gewusst, wie man am Seil gehen muss.

Zurück im Zelt verspürte ich zuerst einmal eine Riesenerleichterung, dass ich da heil wieder heruntergekommen war. Später stellte sich auch Stolz ein, auf der Marmolada oben gewesen zu sein.

Die nächsten Tage verbrachten wir mit Besichtigungen von St. Ulrich, Wolkenstein und auch Brixen. Dann war noch eine große Tour geplant, die Geislerspitzen.

In der Nacht davor betete ich um schlechtes Wetter, damit ich da nicht hinaufmüsse.

Meine Gebete wurden erhört. In der Früh schneite es bis herunter ins Tal. Wir traten deshalb einen Tag früher die Heimreise an.

Das Schweigen

Mehr als dass „dou drin Sauereien zeigt werdn",
wusste ich von dem Film nicht. 18 war ich auch
noch nicht, dass ich mir selbst ein Bild hätte davon machen können. Doch der Rudi, der ein Jahr
älter als ich und auch bei uns in der Katholischen
Jugend war, der war in dem Film. Wir entdeckten
ihn sofort, als er aus dem Kino kam. Ihm war das
schrecklich peinlich und wir waren empört darüber, dass er sich „sowas" angeschaut hatte.

„Wenn wir den Film schon nicht verhindern können, so müssen wir doch ein Zeichen dafür setzen,
dass wir mit solchen Darstellungen nicht einverstanden sind. Wir werden dagegen protestieren und
den Besuchern zumindest ein schlechtes Gewissen
machen."
So hatte der Herr Kaplan gesprochen. Und dann
standen wir, einige Mitglieder der Pfarrjugend
und Kaplan Hirtreiter, an diesem nasskalten April-
abend, als der Film zu Ende war, vor dem Ringtheater.
Noch vor dem Start des Films „Das Schweigen"
von Ingmar Bergman in Deutschland im Januar
1964 hatte sich die Presse heftig darüber ausgelas-
sen, ob das nun „Kunst oder Pornographie" sei. Vor
allem wurden einige sehr freizügige Szenen als besonders anstößig gesehen. Dabei war der Film von
der Freiwilligen Filmselbstkontrolle mit dem

Prädikat „besonders wertvoll" und „ohne Schnitte frei ab 18" eingestuft worden. Eine bessere Werbung hätte der Film gar nicht bekommen können. In Amberg lief er ab dem 10. April im Ringtheater. Am Ende der zweiten Woche stand in der Zeitung: „Das Schweigen, das besuchermäßig jetzt schon alles Vergleichbare weit hinter sich ließ, bleibt eine weitere Woche auf dem Programm." Und das, obwohl der Chefredakteur der Amberger Zeitung in einem Kommentar eine ausdrückliche Warnung vor dem Film ausgesprochen hatte.

Warum der Film „Das Schweigen" hieß, war mir vollkommen unklar.
Mit dem Mantel des Schweigens wurde damals so Vieles zugedeckt, vor allem, was mit Liebe und Sexualität zu tun hatte. Darüber wurde nicht offen geredet. Sexualität war in erster Linie Unkeuschheit. Und Unkeuschheit in Gedanken, Worten und Werken war eine schwere Sünde, mit der man nicht zur Kommunion gehen durfte.

Es gab noch viele andere Bereiche, über die ebenfalls nicht gesprochen wurde.
Als Acht- und Neunjähriger durfte ich in den Ferien manchmal zu Onkel und Tante nach Nürnberg. Die wohnten in der Nähe des Stadtparks. Wenn wir zusammen in die Innenstadt gingen, fielen mir natürlich die zerbombten Häuser und Kirchen auf. Mir wurde gesagt, dass das mit dem Krieg zusammenhing, der ein Jahr vor meiner Geburt zu Ende gegangen war. Aber wenn ich genauer nachfragte, bekam ich nur sehr dürftige Antworten. Der Krieg, zerbombte Häuser in Nürnberg, die Amerikaner

mit ihren Panzern in Amberg, das war für mich etwas Selbstverständliches.

Wenn ich meinen Vater nach dem Krieg fragte, antwortete der nur: „Bou, des woar so schlimm, dou möcht i nix drüber vazähln."

Dass der Krieg schlimm gewesen sein muss, begriff ich auch, wenn meine Mutter vom „Hüttler, dem Vabrecha" sprach und darüber, wie sie mit der kleinen Marianne an der Hand und dem schon etwas größeren Hans bei Fliegeralarm in den Luftschutzbunker fliehen musste.

Aber wieso es einen Krieg gegeben hatte, wer daran schuld war, was es mit der Person Adolf Hitler und den Nazis auf sich hatte, davon wurde nicht geredet. Nicht bei den Eltern, nicht in der Schule, nicht bei der Katholischen Jugend.

Im Geschichtsunterricht der Schulen wurden sehr ausführlich die Griechen und Römer, die Völkerwanderung, das Mittelalter und viele andere Themen behandelt, nicht aber die jüngste deutsche Vergangenheit.

Doch, die allerjüngste schon.

Ausführlich wurde in Vorträgen und Jugendseminaren auf die Diktaturen des Ostens eingegangen.

Fassungslos reagierte ich 1961 auf die Fernsehbilder vom Mauerbau in Berlin. Bei einem Deutschlandtreffen der DAG-Jugend 1962 in Duderstadt stand ich mit vielen Hundert Teilnehmern voller Wut am Eisernen Vorhang.

Im gleichen Jahr hielt Pater Dries van Coillie im Amberger Josefshaus einen Vortrag und las aus seinem Buch „Der begeisterte Selbstmord. In Gefängnissen Rot-Chinas". Wir Zuhörer waren von den Erlebnissen und den Aussagen über die Gehirnwäsche erschüttert und der Vortrag ging allen unter die Haut. Auch ich habe das Buch nachher gelesen.

In den 1960er Jahren fanden im Jugendheim St. Martin oft Filmabende statt. Für 50 Pfennig wurden dort bekannte und interessante Spielfilme gezeigt. Meist waren sie unterhaltsam, doch es gab auch sehr ernste. Als ich 1963 George Orwells „1984" sah, stand nicht nur für mich fest, dass mit dem „Großen Bruder", der alles kontrolliert, nur ein Diktator kommunistischer Prägung gemeint sein konnte.
Von John F. Kennedys Auftritt in Berlin und seiner Aussage „Ich bin ein Berliner" waren wir Jugendliche begeistert. Im amerikanischen Präsidenten sahen wir den Garanten, der die Freiheit des Westens gegen die Unfreiheit des Ostens verteidigen wollte. Gerade auch deshalb schockierte die Nachricht vom Attentat auf ihn, wenige Monate nach dieser Rede, umso mehr.

Dass zwanzig Jahre zuvor hier in unserer Heimat die menschenverachtende Diktatur Hitlers und der Nazis geherrscht hatte, darüber wurde fast nie geredet. Wir erfuhren nichts von den Grausamkeiten der SS, von Deportationen und Vernichtung in den KZs, von Gleichschaltung, Terror und Zensur. Wenn von Grausamkeiten im Krieg die Rede war, dann waren das immer nur die Anderen gewesen: die schlimmen Bombardierungen Dresdens, Nürnbergs und anderer deutscher Städte, die Vergewaltigungen durch russische Soldaten, die Vertreibung

der Deutschen aus ihren angestammten Wohnge-
bieten durch die „bösen" Tschechen.

Als ich vom Aufruf der Christlichen Arbeiter-
jugend zu einer Gedenkfeier im ehemaligen KZ
Flossenbürg las, hörte ich als 14-Jähriger zum
ersten Mal von einem „KZ". In meiner Naivität
wusste ich nicht einmal, dass das eine Abkürzung
für „Konzentrationslager" war.
Für den 9. Oktober 1960 hatte die Organisation
nach Flossenbürg eingeladen. Die dortige Feier
sollte an den jungen französischen Zwangsar-
beiter Marcel Callo erinnern, der 16 Jahre zuvor
nach Flossenbürg verschleppt worden und dann
ins KZ Mauthausen gekommen war, wo er 1945
ermordet wurde. Über 1000 junge Menschen waren in Bussen angereist, unter ihnen auch ich. Bei
strömendem Regen versammelten wir uns zum
Gedenken im „Tal des Todes". Ein Fackelzug
durch den Ort schloss sich an und am Ehrenmal
wurden Kränze niedergelegt.
Ich war von diesem Ereignis tief bewegt. Von den
sechs Millionen ermordeten Juden, von Vernich-
tungslagern, von politisch Verfolgten, vom Holocaust erfuhr ich viel später.
Erst als Ende der 1970er Jahre der vierteilige Film
„Holocaust – Die Geschichte der Familie Weiss"
ins deutsche Fernsehen kam, wurden großen Tei-
len der deutschen Bevölkerung die Gräuel gegen
die Juden in Europa vor Augen geführt.

Die Bildungsabende in den 1960er Jahren, wie das
Seminar „Jugend heute", das von der Katholischen
und Evangelischen Jugend Ambergs veranstaltet

wurde, hatten allgemeine Themen zum Inhalt:
„Was die Kripo erlebt", „Schlager – Schnulzen",
„Mein Vater mag die Beatles nicht", „Geld macht
nicht glücklich, aber ..."
Und es gab auch immer einen Kabarettabend, so
zum Beispiel 1964 mit einer Nürnberger Gruppe
„Jugend sieht die Zeit". Da war aber nichts zu
spüren von heißen Themen, die aufgegriffen worden wären, und schon gar nichts von politischen
Inhalten. Stattdessen Sketche und alte Kalauer, die
sich um Stars, Schlager und Vaterschaft drehten.

Als im Ringtheater der Film „Das Schweigen"
in die zweite Woche ging, zeigte der Filmdienst
der Katholischen Jugend zeitgleich in unserem
Jugendheim den Film „Die Brücke", diesen preis-
gekrönten Streifen von Bernhard Wicki, der auf
eine wahre Begebenheit vom 27. April 1945 zu-
rückgeht.
In diesem Film von den letzten Kriegstagen erfuhr
ich hautnah von der Grausamkeit des Krieges und
wie die deutsche Jugend mit einem fehlgeleiteten
Idealismus aufwuchs und politisch missbraucht
wurde bis zum „Tod fürs Vaterland".
Diese jungen Soldaten, die ich da im Film sah,
waren nicht einmal so alt wie ich. Der Zuruf eines
amerikanischen Soldaten „Go home or go to kin-
dergarden!" reizt die Buben noch mehr. Einer feu-
ert daher eine Maschinengewehrsalve ab, die den
Bauch des Amerikaners aufreißt. Das Sterben war
aus nächster Nähe zu sehen, in Großaufnahme.
Sieben 16-Jährige aus derselben Schulklasse. Ein
einziger bleibt übrig, verletzt und tief traumatisiert.
Mich verstörte dieser Film ungemein.

Wie konnte es geschehen, dass Kinder, Jugendliche und Erwachsene sich kritiklos einer Idee opferten? Ich wollte Antworten haben. Doch alles, was ich zu hören bekam, waren immer wieder die Sätze: „Dou hot ma als Einzelner nix macha könna. Scho vo kloa an hats dou de Hitlerjugend gebn. Dou han fast alle dazou. Alles andere woar vabotn."

Das mit der Hitlerjugend war schon raffiniert eingefädelt. Fahrten und Wanderungen, Zeltlager mit Lagerfeuer, gemeinsames Singen, Aufmärsche mit Fackeln und Fahnen. Das musste begeistern. Geschickt griffen die Nazis auf Organisationsformen und Symbole zurück, wie sie vielen aus der Wandervogelzeit bekannt waren: Fahrten, Kluft, Wimpel.

Wie hätte ich mich denn verhalten, damals in der Nazizeit? Auch ich begeisterte mich für Zeltlager, Wanderungen und Lagerfeuer, bei denen wir in Kluft und gruppenweise mit Wimpel zusammentrafen.

„Flamme empor, Flamme empor: Steige mit loderndem Scheine von dem Gebirge am Rheine glühend empor, glühend empor."

Bei so manchen Versammlungen mit Fackeln trug ich das Banner der Katholischen Jugend. Darauf war ich stolz, vor allem wenn es bei einer Prozession kurz vor dem Altar hieß: „Im Sturm!" Dann schritten wir feierlich die letzten Meter und hielten mit durchgestreckten Armen das Banner in die Höhe.

„Kameraden, wir marschieren!"

„Wir lieben die Stürme, die brausenden Wogen, der eiskalten Winde raues Gesicht."

„Wir ziehen über die Straßen, mit schwerem
Schritt und Tritt, und über uns die Fahne, sie
flattert lustig mit ... Voran der Trommelbube, er
schlägt die Trommel gut, er weiß noch nichts von
Liebe, weiß nicht, wie Sterben tut ..."
Wären wir genauso mit fliegenden Fahnen in das
Lager derer übergelaufen, die da Kameradschaft,
Zusammenhalt, Treue und Freundschaft verspra-
chen?

Freisprechung

Sechs kaufmännische Lehrlinge hatten bei der
Luitpoldhütte im gleichen Jahr ihre Lehre angefangen: der Udo und der Klaus, der Gerhard und der
Jürgen, der Werner und ich. Den Udo kannte ich
schon, denn der spielte bei den Brick-Tower-Stompers Klarinette. Vom Klaus wusste ich, dass sein
Vater Schneider war wie meiner. Der Gerhard und
der Jürgen kamen aus dem Ortsteil Luitpoldhöhe.
Mit dem Werner hatte ich die Gemeinsamkeit, dass
er wie ich die Oberrealschule verlassen hatte, aber
er schon nach der 3. Klasse.
Während der Arbeitswoche sahen wir uns nicht
viel, da jeder in einer anderen Abteilung des
Werkes zur Ausbildung war. Donnerstags aber trafen wir uns und die anderen kaufmännischen Lehrlinge von den verschiedensten Amberger Betrieben
in der Berufsschule. Jeden Mittwoch hatten wir
Werkschule, wo wir sechs von der Luitpoldhütte
meist unter uns waren. Diese war eine für unsere
Ausbildung sehr wichtige Einrichtung, lernten wir
doch dort die großen Zusammenhänge und tech-
nischen Vorgänge des Werkes kennen. Aber auch
fachlichen Unterricht in Buchhaltung, Kaufmän-
nisch-Rechnen und Sozialkunde bekamen wir. Da
hatten wir den Lehrlingen der anderen Betriebe
viel voraus. Meist schnitten die von der Luitpoldhütte bei den Abschlussprüfungen besonders gut ab
und das erwartete man natürlich auch von uns.

An den Schultagen konnten wir in Jeans, Hemd
oder Pulli kommen, dagegen sollten wir an den Tagen im Büro mit Hemd und Krawatte erscheinen,
vor allem jetzt im dritten Lehrjahr.
Zur Einkaufsabteilung im Verwaltungsgebäude
gehörte auch ein Ablagearchiv im Keller. Der un-
eingeschränkte „Herrscher" über dieses Archiv war
der Beck Heiner. Obwohl bei seinen Aufgaben im
Keller niemand erwartet hätte, dass er dort mit Anzug und Krawatte seinen Dienst täte, war er doch
jeden Tag korrekt gekleidet.
Wie so viele andere Jugendliche konnten der
Werner und ich noch keine Krawatte binden. Zu
unserer Erleichterung gab es schon geknotete, die
mit einem Gummizug unter dem Hemdkragen
befestigt wurden. Dem Beck Heiner waren diese
„fertigen" Krawatten ein Dorn im Auge.
„Etz habta scho bald ausglernt und könnt nu niat
amal a Krawattn selba bindn", wandte er sich an
den Werner und mich, als wir wieder einmal Akten
in den Keller trugen. „Heit Nachmittag um drei
kommt ihr, dann gibts an Krawattenkurs."
Die anderen Mitarbeiter in den Abteilungen lachten, ließen uns aber gehen.
Der Heiner gab sich alle Mühe. Nach mehrma-
ligen Versuchen hatten wir es endlich begriffen
und konnten unsere Krawatten selber binden. Jetzt
konnten wir getrost dem Ende unserer Lehrzeit ent-
gegensehen. Doch da kamen zuerst die Abschlussprüfungen: die Kaufmannsgehilfenprüfung vor der
Industrie- und Handelskammer und die Abschluss-
prüfung in der Berufsschule.
Dazu gab es am Samstagvormittag, also in unserer
Freizeit, einen freiwilligen Vorbereitungskurs in

der Berufsschule. Die Lehrherren erwarteten, dass alle Prüflinge daran teilnahmen. Gehalten wurde er von einer Lehrerin der Schule, der Frau Fruth. Der hatte es der Werner und ich angetan. Die wollte doch glatt, dass wir uns direkt vor sie in die erste Bank setzten.

Die ersten Samstage waren im zeitigen Frühjahr. Da konnte man aufgrund des Wetters eh nicht viel anfangen außer vielleicht ausschlafen. Als es wärmer wurde, fiel es uns schon schwerer da immer hinzugehen, und manchmal haben wir dann doch geschwänzt, der Werner und ich. Schon am Freitag hatten wir uns verabredet, dass wir Samstag in der Früh mit dem Rad kommen würden. Wenn dann das Wetter allzu schön war, machten wir statt Buchhaltung und Rechnen eine Radtour. Wieder einmal standen wir mit unseren Rädern kurz vor acht am Schultor. Wir waren noch unschlüssig, was wir machen sollten. Da kam die Maria, die Lehrling bei einer Bank war, auf ihrem Rad angebraust. Sie hatte in diesem Moment nur noch Augen für uns. Da kriegte sie aber vor lauter Schauen die Kurve zum Tor herein nicht mehr. Sie kam ins Rutschen, schwankte und landete ausgestreckt direkt vor uns.

Fast hätten wir lachen müssen. Doch dann bekamen wir Mitleid mit ihr und begleiteten sie zum Hausmeister in die Schule, der sie notdürftig verarztete. Wir machten uns dann doch noch mit den Rädern einen gemütlichen Vormittag.

Bei der Luitpoldhütte war der Chef des Personalbüros für unsere Ausbildung zuständig. Der unterrichtete uns auch in der Werkschule. Während des

Unterrichts, wenn es im Klassenraum schön warm war – und dafür sorgten wir schon –, schlief er oft mitten im Satz, den er gerade angefangen hatte, ein. Dann verhielten wir uns ganz still, damit er weiter schlief. Plötzlich machte er das eine Auge auf, fixierte uns erstaunt, darauf das andere Auge und dann sprach er den Satz von vorher korrekt zu Ende.

Im Rechnungswesen und in Buchhaltung unterrichtete uns der Mehrle Rudolf aus der Abteilung Betriebsabrechnung. Der hatte versprochen, mit uns nach bestandenen Prüfungen ein Wanderwochenende im Bayerischen Wald als Abschluss unserer Lehrzeit zu verbringen.

Im Juni 1964 wurde ich 18. Jetzt konnte ich zwar abends beliebig lange ausgehen, aber volljährig war man noch nicht.

Die Prüfungen einen Monat danach gingen für uns alle gut aus.

Mein Klassenleiter in der Berufsschule fragte mich, ob ich im September bei der Freisprechungsfeier im Rathaus für alle Lehrlinge die Dankesrede halten würde. Ich gehörte wohl zu den besten Prüflingen und es war eine große Auszeichnung für mich. Ich hätte also kaum Nein sagen können.

Von der Industrie- und Handelskammer bekam ich eine Vorlage, was man bei so einer Feierlichkeit sagen soll. Ich war total aufgeregt. Im Großen Rathaussaal sollte ich vor mehreren Hundert Menschen sprechen. Zwar hatte ich als Ministrant in St. Martin schon oft genug am Mikrophon die Lesung aus dem Messbuch vorgetragen, aber eine solche Rede, das war schon was anderes. Ich sollte den Eltern und

Ausbildern den Dank der Lehrlinge aussprechen.
Als ich meinen Text zusammengestellt hatte, ging
ich einige Male ins Jugendheim. Dort im großen
Saal stellte ich mich auf die Bühne und hielt immer
wieder meine Rede vor den leeren Stuhlreihen. Das
hat mir Sicherheit gegeben. Ich konnte sie jetzt fast
auswendig.

Ende August bekam ich von der Personalabteilung
der Luitpoldhütte das offizielle Ergebnis meiner
Kaufmannsgehilfenprüfung mitgeteilt. Gleichzeitig
erhielt ich auch das Lehrabschlusszeugnis.

Zum 1. August schon war ich als kaufmännischer
Angestellter übernommen und der Abteilung „Betriebsabrechnung" zugeteilt worden. Nun bekam
ich ein Bruttomonatsgehalt von 381 DM, fast viermal so viel wie zuletzt als Lehrling.

Die Freisprechungsfeier war für den 2. September
angesetzt. Mit „Freisprechung" bezeichnet man
den feierlichen Abschluss einer Ausbildungszeit.
Ihren Ursprung hatte dieses Ritual im Spätmittel-
alter, wo der Lehrling vom Meister losgesprochen
wurde. Im Großen Rathaussaal erwarteten 300 ge-
werbliche und kaufmännische Lehrlinge ihre Freisprechung. Natürlich waren auch Firmenchefs,
Ausbilder, Verantwortliche der Stadt Amberg,
Geistliche und Eltern versammelt, sofern sie noch
Platz gefunden hatten.

Links saßen die Mädchen, alle festlich gekleidet,
rechts die Jungen in Anzug und Krawatte, ganz
so wie in der Kirche. Da der Treppenaufgang zum
Podium links war, musste ich, der ja eine Rede zu
halten hatte, jedoch links unter all den vielen Mädchen sitzen.

Ich war deswegen noch aufgeregter, als ich es eh schon war. Die Feier ist dann aber gut vorübergegangen. Ich hatte ja dementsprechend häufig geübt.

Der Rudi, wie wir den Herrn Mehrle seit Ende der Lehrzeit nennen durften, hat sein Versprechen mit dem Wanderwochenende im Bayerischen Wald wirklich wahr gemacht. Wir warteten nur mehr auf gutes Wetter. Mitte September passte es.
Rudi besaß einen sogenannten Leukoplast-Bomber, einen Kleinwagen der Marke Lloyd. Von uns Lehrlingen hatte als einziger der Udo schon ein Auto, einen NSU-Prinz. Mit diesen zwei Autos fuhren wir an einem Freitagnachmittag nach Kötzting.
Bei der Pfarrkirche mitten im Ort stellten wir die Wagen ab. Bepackt mit unseren Rucksäcken stiegen wir dann über die Räuber-Heigl-Höhle und den Kreuzfelsen zur Kötztinger Hütte auf den Kaitersberg. Da wurde es jetzt schon dämmrig und der Rudi hat uns vom Räuber Heigl erzählt. Dass der im letzten Jahrhundert hier gehaust habe. Er hätte Opferstöcke ausgeraubt und sei dann verhaftet worden. Aus dem Gerichtssaal in Straubing sei er jedoch in den Bayerischen Wald geflohen und habe in der Kötztinger Gegend seine Raubzüge fortgesetzt.
„Und die Höhln dou, des woar sei Versteck. A poar frühere Kumpane oba hobn ihn dann varatn und er is zum Tod durch Enthauptung vaurteilt wordn. Des Urteil is späita in a lebenslängliche Kettenstrafe umgwandelt wordn."
Da waren wir dann doch froh, als wir aus der Dunkelheit des Waldes herausgekommen waren. Oben auf dem Kreuzfelsen, auf fast 1000 Metern Höhe, sahen wir die letzten hellen Streifen des Tages

und unten im Tal die Lichter der Ortschaften. Fast schon bei Nacht erreichten wir endlich die Kötztinger Hütte.

Für den nächsten Tag stand uns ein gewaltiger Marsch auf dem Hauptkamm des Bayerischen Waldes bis zum Arber bevor. Da hieß es früh aufstehen. Gleich nach dem Frühstück brachen wir also auf. Schon etwas herbstlich kühl war der Morgen, doch am Sonnenfelsen konnten wir unsere erste kleine Rast im trockenen Gras genießen.
Viel Spaß machte das Durchklettern der Rauchröhren. Am Großen Riedelstein, der mit 1132 Metern höchsten Erhebung des Kaitersberges, machten wir beim Waldschmidt-Turm, einem Denkmal zu Ehren des Dichters Maximilian Schmidt, eine weitere kleine Pause. Danach ging es steil bergab, hinunter aufs Eck, eine Passstraße mit einem Gasthaus, wo wir zu Mittag aßen. Von dort aus mussten wir dann wieder hinauf zum Hauptkamm mit seinem nächsten Gipfel, dem Mühlriegel.
Immer wieder suchten wir das grüne Dreieck, das unseren Weg bis zum Arber markierte. Viele Höhenmeter waren da zurückzulegen. Nach jedem Gipfel ein Stück bergab, dann mühsam wieder hinauf zum nächsten: Ödriegel, Schwarzeck, Enzian, Kleiner Arber. Hier waren wir nun auf 1384 Metern und hundemüde. Aber es stand noch der schwere Anstieg über die Himmelsleiter zum Großen Arber bevor. Der Rucksack drückte, Durst und Hunger stellten sich ein. Unsere Vorräte waren längst aufgebraucht.
Der Rudi ermunterte uns immer wieder. „Gehts, reißts eich zsamm. Etz ham mas glei!"

Dann endlich oben am Gipfel, nach 25 beschwerlichen Kilometern!

Die Dämmerung zog schon herauf und wir hatten noch kein Nachtquartier. Zum Glück fanden wir dann kurz unterhalb des Gipfels noch eine Unterkunft. Auch zu essen und trinken gab es da. Jeder war froh, als er sich endlich schlafen legen konnte. Bei herrlichem Wetter stiegen wir dann am nächsten Morgen zum Kleinen Arbersee hinab und wanderten von dort auf einer Forststraße nach Lam, von wo aus wir mit dem Zug zu unserem Ausgangspunkt zurückfuhren.

Dort wartete eine große Überraschung auf uns. Um die Pfarrkirche herum herrschte arges Gedränge. Stände waren aufgebaut. Irgendwo hörte man eine Blaskapelle spielen. Auf den ersten Blick fanden wir unsere Autos gar nicht.

Dann entdeckten wir sie. Sie parkten mitten im Markttreiben. Als wir sie am Freitag dort abgestellt hatten, war von einem Marktfest nichts zu sehen. Auch kein Schild hatte darauf hingewiesen. Irgendein wahrscheinlich angetrunkener Festbesucher hatte wohl ausprobiert, wie stabil die Kühlerhaube von so einem Leukoplast-Bomber war. Rudis Auto hatte eine ordentliche Delle abbekommen. Nur mit Mühe gelang es unseren beiden Fahrern ihre Autos aus dem Gewühl herauszubringen. Nichtsdestotrotz fuhren wir vergnügt nach Amberg zurück.

Périgueux, rue de la Cité

Das war schon sehr aufregend damals, an diesem
Freitag vor Pfingsten 1965. Mit dem Zug fuhr
unsere Reisegruppe, die aus 35 Mitgliedern ver-
schiedener katholischer Jugendgruppen bestand,
über Nürnberg und Frankfurt die Nacht durch nach
Paris. Um 8.15 Uhr kamen wir am Gare de l'Est
an. Wir hatten ein Fass Amberger Bier dabei, das
als Geschenk für unsere französischen Partner in
Périgueux gedacht war. Mit großem Hallo rollten
Anton und ich es am Bahnsteig entlang.
In Paris hatten wir einen Aufenthalt von vier Stunden. Das reichte für Montmartre und Sacré-Cœur.
Unser Gepäck und das Fass wurden inzwischen
zum Gare d'Austerlitz gebracht, wo wir kurz nach
12 Uhr die Weiterfahrt antraten. Das letzte Stück
ab Limoges legten wir mit einem uralten Bummel-
zug zurück.

Natürlich waren wir sofort begeistert gewesen, als
im Frühjahr der Vorschlag gemacht worden war,
mit einer Reisegruppe nach Périgueux in den Süd-
westen Frankreichs zu fahren.
Bis nach Périgueux, der Hauptstadt des Départe-
ments Dordogne, sind es von Amberg aus über Paris fast 1400 Kilometer. Mit dem Bus wäre es etwas kürzer gewesen, nämlich nur 1200 Kilometer.
Nach Frankreich fahren, das war gar nicht so
selbstverständlich. Zu sehr schmerzte noch die

Vergangenheit. Immer wieder wurde von den „Erbfeinden" geredet. Und da meinte man die Franzosen, die seit dem Krieg 1870/71 Erzfeinde waren und sowohl im Ersten als auch im Zweiten Weltkrieg gegen die Deutschen gekämpft hatten. Nach Ende des Zweiten Weltkrieges hatte es fast zwanzig Jahre gedauert, bis es zur Aussöhnung kam. Erst am 22. Januar 1963 wurde der deutsch-französische Freundschaftsvertrag unterzeichnet. Im Elysée-Palast besiegelten damals der französische Staatspräsident Charles de Gaulle und der deutsche Bundeskanzler Konrad Adenauer die Zusammenarbeit beider Länder. Das schloss die Jugend- und Kulturpolitik mit ein. Darüber und noch viel mehr hatten wir in einem Vortrag mit dem Thema „Franzosen – Deutsche – Europäer" im Josefshaus gehört.

Warum aber wurden gerade Amberg und Périgueux Partnerstädte? Alle Teilnehmer der Frankreichfahrt waren zu einem Vorbereitungsseminar im Mai verpflichtet worden. Vom Amberger Hans Kowar erfuhren wir, dass diese Städtepartnerschaft ihren Ursprung in der Freundschaft zwischen ihm und dem jungen französischen Priester Henri Cellérier hatte. Er, Kowar, war nach dem Zweiten Weltkrieg in Frankreich in Kriegsgefangenschaft und hatte dort den Geistlichen kennengelernt. Nach seiner Entlassung waren durch diese private Verbindung erste Kontakte zwischen den beiden Städten entstanden. Die so gebaute Brücke hatte einen weiten Bogen zu schlagen von der Oberpfalz bis in das Périgord, wie die Gegend um Périgueux genannt wird. Seit 1957 gab es gegenseitige Besuche von Vertretern beider Städte. Und für den 2. Oktober 1965 war die offizielle Partnerschaftsunterzeichnung in Amberg geplant. Des Weiteren erfuhren wir bei diesem Seminar einiges über die Sprache, über Land und Leute, über Ess- und andere Lebensgewohnheiten.

Wie mochte es wohl meinem Vater 1942 ergangen sein, als er als Sanitäter von der Ostfront bei Stalingrad abgezogen und an die französische Westküste verlegt worden war? Wahrscheinlich hatte er diesem Umstand sein Leben zu verdanken. Durch dieses Land fuhr ich nun der Stadt Périgueux entgegen.

Wenige Minuten nach sechs Uhr am Samstagabend kamen wir an. Am Bahnsteig herrschte großes Durcheinander. Namen wurden aufgerufen. Niemand wusste so recht, wohin er gehörte. Doch nach und nach fanden alle Mitglieder unserer Reisegruppe ihre Gasteltern. Mein Freund Anton wohnte bei der Familie Pigearias ganz in der Nähe, in der rue de la Cité. Ich war bei Jean-Paul Marbot und dessen Familie in einem Haus am Stadtrand untergebracht.
Unser Fass Bier gaben wir zur Aufbewahrung in das nahe Hotel am Place Francheville, wo wir uns am nächsten Tag treffen wollten.

Der Pfingstsonntag begann mit einem Gottesdienst in der Kathedrale Saint-Front. Die romanische Kirche hat den Grundriss eines griechischen Kreuzes mit vier gleich langen Schiffen, jedes davon mit einer Kuppel überkrönt. Die Vierung zwischen den Schiffen trägt eine fünfte, noch größere Kuppel. Man wird beim Betrachten unwillkürlich an Sacré-

Cœur in Paris erinnert. Nach der Messe bestiegen wir dieses überwältigende Kuppeldach. Von hier aus hatte man einen herrlichen Ausblick in das Umland.

Danach trafen wir uns mit unseren französischen Gastgebern im Hotel „La Boule d'Or" zum gemeinsamen Mittagessen. Das Personal dort hatte es zu gut mit uns gemeint.

Irgendwie war es ihnen gelungen, das Fass, das wir zur Aufbewahrung gegeben hatten, zu öffnen. Auf allen Tischen standen große Wasserflaschen mit lackem Bier aus Amberg. Durch den Transport und auch weil es nicht genügend gekühlt war, hatte es keinerlei Schaum. Die Flaschen erinnerten mit ihrer trüben, gelben Flüssigkeit mehr an Krankenhaus als an bayerische Biergemütlichkeit.

Den Kellnern musste deshalb nun klar gemacht werden, dass so ein Fass Bier einige Tage Ruhe und Kühlung braucht. Erst dann sei es wieder genießbar. Wir schütteten das Bier ins Fass zurück und brachten dieses dann in einen Kühlraum.

Das Essen, vor allem was die Dauer anbelangte, war für uns ungewöhnlich. Zu Hause war nicht nur ich es gewohnt, in zehn Minuten zu essen und dabei still zu sein. Hier saßen wir zwei Stunden und es wurde geredet und gelacht. Und diese Zeit brauchten wir auch, denn es gab sieben Gänge.

Die anschließende Stadtbesichtigung führte uns zu den Überresten eines römischen Amphitheaters und zum Vesunaturm.

Am nächsten Tag bewegten wir uns auf prähistorischen Spuren. Mit dem Bus fuhren wir nach Les Eyzies, um die Funde aus der Epoche des Cro-Magnon-Menschen zu bestaunen. Auch einige von den vielen Tropfsteinhöhlen, die es im Périgord gibt, besichtigten wir. Ein kurzer Abstecher führte uns in die kleine Stadt Sarlat, die Bauten aus dem Mittelalter, der Renaissance und dem Barock aufweist. Bei der Rückfahrt nach Périgueux konnten wir hoch über dem Dordogne-Tal in Domme eine wunderbare Aussicht genießen.

Ein besonderer Höhepunkt war die Fahrt nach Bordeaux, zum Cap Ferret und dem Arcachon-Becken. Als wir aus dem Bus stiegen, hörten wir ein unaufhörliches Rauschen. Da sah ich zum ersten Mal ein Meer, und das war gleich der Atlantik. Barfuß und mit hochgekrempelten Hosen liefen wir im nassen Sand den Wellen entgegen. Von oben bis unten wurden wir nassgespritzt. Salzig schmeckte das Wasser. Anschließend bestiegen wir die 108 Meter hohe größte Wanderdüne Europas, die Dune du Pilat. Mit einer Breite von 50 Metern erstreckt sie sich auf fast drei Kilometern Länge.
Mangelnde Sprachkenntnisse verhalfen uns zu unserem ersten Austern-Essen. Zu Mittag saßen wir in einem kleinen Strandrestaurant. An unserem Tisch war niemand, der ausreichend Französisch konnte. So tippten wir einfach aus Spaß auf verschiedene Nummern der Speisekarte und bekamen nach Zufallsprinzip unsere „bestellten" Überraschungen. Da war alles dabei, von Austern bis Krabben, und wir wussten gar nicht, wie man mit diesen Delikatessen umgeht. Mutig kosteten wir. Wie man Austern fachgerecht isst, schaute ich von Franzosen am Nachbartisch ab. Zum Probieren ging ich dann aber doch lieber vom Tisch weg, denn ich war mir nicht sicher, ob mir übel würde.

Mit Überwindung und Neugier zugleich schlürfte ich. Alles, was ich schmeckte, war Zitronensaft. Wahrscheinlich hatte ich zu viel daraufgeträufelt. Stolz nahm ich die leere Austernschale als Souvenir mit.

Im ehrwürdigen Kreuzgang des ehemaligen Klosters von Saint-Emilion, das heute eine Sekt- und Weinkellerei beherbergt, nahmen wir unser abendliches Picknick ein.

Ein weiterer Ausflug führte nach Monbazillac. Mitten in Weinbergen steht das Schloss, ein außergewöhnliches Bauwerk in einer außergewöhnlich schönen Landschaft. Natürlich probierten wir den „Monbazillac", diesen schweren, süßen Dessertwein, und da musste man schon aufpassen, nicht zu viel zu degustieren.

So beeindruckend die Landschaft mit ihren Höhlen, ihren Felsen, ihren Chateaus war, ebenso beeindruckend waren die Freundlichkeit und Herzlichkeit der verschiedenen Gastfamilien.

An einem der nächsten Tage hatten meine Gasteltern einen auswärtigen Termin. Da wurde ich kurzerhand von der Familie, bei der mein Freund Anton wohnte, eingeladen. Die Pigearias hatten drei Kinder: Jean-Alain, Bernard und Anne-Marie, alle drei etwas jünger als Anton und ich. Nach dem Empfang in der Préfecture und im Bischofspalais wartete das Mittagessen bei der Familie auf uns. Ein großer, ovaler Tisch stand gedeckt im Esszimmer. An den Stirnseiten durften Anton und gegenüber ich Platz nehmen. Zu Gast war auch Abbé Cellérier, ein Freund der Familie. Von ihm hatten wir schon im Vorbereitungsseminar gehört.

Wenn ich beim Essen etwas mir Unbekanntes aufgetischt bekam, schaute ich zuerst, wie sich meine Gastgeber verhielten. Dann machte ich es ihnen nach.

Einer der servierten Gänge war eine knusprig gebratene Forelle. Ich hatte daheim in Amberg noch nie eine Forelle gegessen. Wenn es bei uns zu Hause Fisch gab, dann freitags mal einen Brathering oder Dosenfisch in Tomatensoße.

Unauffällig beobachtete ich meinen Tischnachbarn, den Bernard, wie der mit seiner Forelle umging. Ein extra Besteck lag dafür bereit. Es gelang mir den Fisch zu verspeisen, ohne dass mir Gräten im Hals stecken blieben.

Unwillkürlich blickte ich ab und zu auf Anton. Der mühte sich redlich ab. Dann verließ ihn die Geduld. Wie ein paniertes Schnitzel schnitt er kurzerhand den Fisch in Stücke, schob sich diese in den Mund, kaute ordentlich mit seinen kräftigen Zähnen und würgte Stück für Stück hinunter. Immer wieder spülte er mit Rotwein und Wasser nach. Dann war Antons Teller leer. Bei allen anderen lagen die Überreste der Forelle auf den Tellern: Kopf, Schwanz, Gräten.

„Anton!" Ein erschrockener Ausruf kam von Madame Pigearias. „Wo?" Sie deutete auf ihre Überreste des Fisches. Alle blickten jetzt erstaunt auf Anton. Gestenreich gab der zu verstehen, dass er das Ganze hinuntergeschluckt habe, hob sein Glas und prostete in die Runde.

Am vorletzten Tag in der Stadt genossen wir gemeinsam bei einem deutsch-französischen Abend das jetzt gut gekühlte Amberger Bier.

Am Freitag hieß es jedoch Abschied nehmen.
Abschied nehmen von Freunden, die wir in diesen
Tagen gewonnen hatten: von Jean-Alain, Bernard,
André, Jean-Paul, Martine, Anne-Marie, Philippe,
Jean-Louis …

„Salut!" „Au revoir!" „Bis bald in Amberg!"
Schnell hatten wir uns in dieser Woche an das
französische Begrüßen und Verabschieden mit
Küsschen links und Küsschen rechts gewöhnt. Das
hat uns sehr gefallen, besonders wenn wir französischen Mädchen begegneten.

Abends um halb acht war die Abfahrt. Wieder
stand eine Nachtfahrt bevor. Am frühen Morgen
erreichten wir Paris. Diesmal waren der ganze
Tag und die halbe Nacht für die Stadt eingeplant.
Notre Dame, der Eiffelturm, der Invalidendom, der
Louvre, der Place de la Concorde, die Champs-
Elysées, der Triumphbogen, die vielen Cafés. Und
am Abend noch eine nächtliche Schifffahrt auf der
Seine. Ein herrlicher Frühsommerabend in Paris
mit seinen beleuchteten Boulevards, Bauwerken
und kunstvollen Brücken. Kurz nach Mitternacht
ging unser Zug nach Straßburg.

Völlig übernächtigt kamen wir dort um sieben Uhr
früh an. Trotzdem besuchten wir im Münster einen
Gottesdienst, denn Sonntagsmessen waren damals
für uns eine absolute Pflicht. Die meisten von uns
ließen ihn schlafend über sich ergehen. Sogar unser
Kaplan nickte auf dem Korbstuhl ab und zu ein.

Dass aus dieser Begegnung mit Jean-Alain, Bernard
und Anne-Marie Pigearias in Périgueux, rue de la
Cité, eine so tiefe Freundschaft würde, hätten Anton
und ich uns damals nicht träumen lassen.

Jean-Alain und Bernard kamen bereits im Juli desselben Jahres mit 90 anderen jungen Franzosen und ihrem geistlichen Begleiter, Abbé Baret, nach Amberg. Eine große Zeltstadt auf dem Mariahilfberg wurde für zwei Wochen zu einer Begegnungsstätte zwischen Périgourdins und Ambergern.

Hier wurden Freundschaften geschlossen und vertieft, die mittlerweile schon mehr als 45 Jahre bestehen. Immer wieder, wenn wir uns treffen und beieinander sitzen, kommt auch die Geschichte vom Anton und der Forelle mit auf den Tisch.

Weg aus Amberg

„O, look away in a heaven. O, look away in a heaven. O, look away in a heaven. Good Lord I hope I join the band."
Diesen Spiritual, von einem Männerchor mehrstimmig gesungen, hörte ich an einem Sonntagmorgen aus dem Radio. Noch etwas müde räkelte ich mich im Bett.
Der Gert, mein früherer Gruppenführer, hatte mir geschrieben und mich auf diese Sendung im Bayerischen Rundfunk aufmerksam gemacht. Was folgte, war eine Reportage über das Seminar und Gymnasium St. Matthias in Waldram, einem Ortsteil von Wolfratshausen. Knapp 150 junge Männer waren dort, um in fünf oder sechs Jahren das Abitur nachzuholen. Der Gert war seit zwei Jahren einer von ihnen.
„Zur Zeit sind 31 Schüler dabei sich auf die Reifeprüfung vorzubereiten", führte der Direktor der Schule, Dr. Karl Braun, aus. „Nun, das ist nicht einfach und erfordert schon jede Menge Fleiß, vor allem in den Fächern Latein und Griechisch."
Ich musste lachen. „Karl Braun", da fiel mir natürlich sofort der Schlager „Charlie Brown" ein.
Immer wieder wurde die Reportage von Spirituals unterbrochen, die der Waldramer Chor darbot.
Die Lieder klangen gut. Das war professioneller Gesang. Auch was sonst über Schule und Seminar erzählt wurde, hörte sich sehr interessant an: 6 Uhr

Wecken, 6:30 Uhr Heilige Messe, 7:15 Uhr Frühstück, 8 Uhr bis 12:15 Uhr Unterricht, 12:30 Uhr Mittagessen, 13 bis 15 Uhr Ruhe, Freizeit, Sport, 15 bis 18 Uhr Studierzeit, 18:30 Uhr Abendessen und Freizeit, 20 Uhr Studierzeit, 22 Uhr Bettruhe. Seminardirektor Spannagl, nach Zielsetzung des Hauses befragt, antwortete: „Als Spätberufenenseminar und -gymnasium möchte das Haus in erster Linie jungen Menschen die Möglichkeit zu Glaubenserfahrungen bieten, ihr Selbst, ihre Identität als Mensch und Christ zu entdecken und zu entfalten. Dazu gehört auch die Ausrichtung auf den Priesterberuf. In unserem Haus können junge Erwachsene, die schon im Berufsleben stehen und die mit diesen Zielen einverstanden sind, das Abitur nachholen."

Jetzt war ich hellwach. Abitur nachholen?

Ende Juli letzten Jahres hatte ich ausgelernt. Seit August war ich als Industriekaufmann bei der Luitpoldhütte beschäftigt. In der Abteilung „Betriebliches Rechnungswesen" wurde mir ab Oktober 1964 als Sachbearbeiter das Arbeitsgebiet der Fabrikatserfolgsrechnung übertragen. Meine Aufgabe bestand hauptsächlich in der Ermittlung von Verkaufsergebnissen für die verschiedensten Erzeugnisse. Da tat ich mich anfangs schwer. Eine Menge von Daten musste jeden Monat ausgewertet und zusammengestellt werden und das alles ohne Computer. Lediglich große, ratternde Rechenmaschinen standen uns zur Verfügung. In den ersten Wochen blieb ich oft noch über den Feierabend hinaus, weil ich einfach noch nicht fertig war mit meiner Arbeit. Doch nach und nach bekam ich das in den Griff.

Auch fühlte ich mich unter meinen Kollegen als Jüngster recht wohl.

Doch wie schon gegen Ende meiner Lehrzeit befielen mich immer wieder Zweifel, ob das der richtige Beruf für mich sei: Tabellen erstellen, Zahlen überprüfen, Listen auswerten.

Selbstverständlich hatte der Berufsalltag auch schöne Seiten. Um 7 Uhr war Dienstbeginn und um halb fünf Schluss, bei mehr als einer Stunde Mittagspause. Samstag und Sonntag waren frei. Auch mein Gehalt war nicht zu verachten. Trotzdem, immer öfter kreisten meine Gedanken wieder um Schule. Wie könnte ich es schaffen, das Abitur nachzuholen? Von staatlicher Seite gab es damals noch keinen zweiten Bildungsweg. Waldram, der Gedanke daran ließ mich nicht mehr los.

„Du Fritz, am Karsamstag treff ma uns um elfe im Goldnen Lamm, dou vazähl i a weng wos vo Waldram. Wennst Lust host, kummst a."

„Wer trifft se dou?", wollte ich sofort vom Gert, der in den Osterferien in Amberg war, wissen.

„A poar Leit, die im Herbst mit da Schul in Waldram anfanga wolln. I glaub, die kennst alle."

Zuerst einmal war ich total durcheinander. Zu dem Treffen wollte ich auf jeden Fall hingehen. Dann würde man schon weitersehen.

Ich kannte wirklich alle, die sich da am Samstag im Goldenen Lamm trafen:

Der Helmut und der Helge waren von der KJG Dreifaltigkeit, der Richard und der Jürgen von den Georgspfadfindern. Und den Jürgen kannte ich ja schon fast von Geburt an, der war nämlich mein Freund aus der Ziegelgasse von gegenüber gewesen. Der Günther war bei uns in der KJG und auch auf der Luitpoldhütte, aber als Elektriker. Günther hatte auch die für Pfingsten geplante Frankreichfahrt organisiert. Dann natürlich der Gert, der von Waldram erzählte.

Anfangs hörte ich nur zu. Die anderen waren bereits fest entschlossen, ab Herbst dorthin zu gehen.

„Und wos is, wenn ma koa Pfarrer wern wül?" Der Jürgen hatte die Frage gestellt.

„Ich glaub, des is niat des Entscheidende. Wichtig is, dass ma mit dem Leben dort und den Zielen vom Seminar einvastandn is", antwortete der Gert. „Und natürlich, euer Stadtpfarrer muss sei Zustimmung gebn."

Sofort nach den Osterfesttagen redete ich dann mit dem.

„Willst du denn Pfarrer werden?", fragte er mich. „Des woaß i niat, aba vülleicht, vülleicht a Lehrer", antwortete ich drauf.

Als jahrelangem Gruppenführer, Ministranten und zuletzt sogar Pfarrjugendführer wollte er mir da keine Hindernisse in den Weg legen.

Jetzt mussten schnell Entscheidungen getroffen werden. Es war Mitte April. Wenn ich den Plan mit Waldram wahrmachen wollte, musste ich spätestens bis Ende des Monats bei der Luitpoldhütte gekündigt haben. Auch mit meinen Eltern wollte ich in den nächsten Tagen sprechen. Mein Vater gab mir nur zu verstehen, dass er außer dem Kindergeld, das er wieder für mich bekommen würde, wenn ich erneut zur Schule ginge, mir keine weitere finanzielle Unterstützung geben könne. Als

Taschengeld würde das wohl reichen und da Schule und Seminar kirchliche Einrichtungen wären, würden für mich keine Kosten entstehen, gab ich ihm zur Antwort. Damit war er zufrieden. Meine Mutter schwebte im siebten Himmel. Sie meinte fest, dass, wenn man nach Waldram geht, man auf jeden Fall Pfarrer werden wird.

Ende April kündigte ich. Meine Vorgesetzten waren sehr überrascht, hatten sie doch mit mir anderes vorgehabt. Sie mussten aber meinen Entschluss respektieren.
Da wurde mir die Aufforderung zur Musterung zugestellt. Sollten meine Zukunftspläne doch noch über den Haufen geworfen werden, wenn ich tauglich wäre und zur Bundeswehr eingezogen werden würde?
Ungewissheit. Abwarten.
Am 24. Mai wurde ich im Jugendheim St. Martin gemustert. Auf Grund mehrerer Nierensteine in den letzten drei Jahren und zweier operativer Eingriffe wurde ich als „Ersatzreserve II" eingestuft. Ich brauchte keinen Wehrdienst ableisten. Da war ich ganz schön erleichtert.

Als wir dann Pfingsten zu unserer Frankreichfahrt aufbrachen, waren die Weichen für die Zukunft gestellt.
Mein letzter Arbeitstag wäre der 30. Juli gewesen, aber mir stand noch eine Woche Resturlaub zu, sodass ich am Freitag, den 23. Juli 1965 zum letzten Mal ins Büro im dritten Stock des Verwaltungsgebäudes ging. Da war dann schon ein bisschen Wehmut dabei.

Ich wusste ja nicht genau, auf was ich mich da ein-
gelassen hatte, mit Waldram, mit Gymnasium, mit
Seminar, mit Latein und Griechisch.
Der von den Arbeitskollegen war nicht der einzige
Abschied. Auch von vielen Freunden und Tätigkeiten hier in Amberg musste ich mich in den
nächsten Wochen verabschieden.
Mit meiner Gruppe von der KJG unternahm ich
eine mehrtägige Wanderung im Bayerischen Wald.
Wieder waren wir zwischen Kaitersberg und Arber
mit der Kohte und dem Rucksack unterwegs. Am
Kleinen Arbersee blieben wir mehrere Tage, bevor
es mit dem Rad von Kötzting aus zurück nach Amberg ging.

Weg aus Amberg sollte auch unsere Fahrt führen,
die ich, mein Freund Anton und der Fritz aus meiner Gruppe im August unternahmen. Zehn Tage
waren wir per Anhalter in KJG-Kluft unterwegs:
Regensburg, Passau, Linz, Wien, Salzburg, München, Kelheim, Schloss Prunn, Amberg. Meist in
Jugendherbergen, manchmal auch in einer Bauern-
scheune oder bei Verwandten meiner Freunde
haben wir übernachtet.
In Wien blieben wir mehrere Tage. Wir wollten die
Sehenswürdigkeiten dieser Stadt kennenlernen: die
Hofburg, den Stephansdom, den Prater … Außerdem hatten wir vor, die Gisela zu besuchen. Die war
aus unserer Pfarrjugend und seit einigen Monaten
in einem Haushalt in Grinzing beschäftigt. Mit ihr
zusammen besichtigten wir Schloss Schönbrunn.
Abends saßen wir in einem Weinlokal beim Heuri-
gen. Es war ein lauer Sommerabend. Das Viertel
Wein schmeckte uns gut. Anschließend begleitete

ich die Gisela heim. Hand in Hand schlenderten wir durch die nächtlichen Gassen von Grinzing. Da kamen mir dann schon erhebliche Zweifel, ob meine Entscheidung für das Spätberufenenseminar richtig war. Doch jetzt gab es kein Zurück mehr.

Nach dem Ende unserer Fahrt durch Österreich blieben mir in Amberg noch zwei Wochen. Da musste ich als erstes zum Zahnarzt. Schon die beiden letzten Tage unserer Fahrt hatten mich starke Zahnschmerzen geplagt, so dass ich sogar alleine einen Tag früher als die beiden anderen heimgetrampt war. Auch das noch! Der Zahn musste raus.

Weg aus Amberg nach Waldram. Schulbeginn war Dienstag, 7. September. Ich hatte Unterlagen bekommen, was ich alles mitnehmen musste, auf was zu achten sei und wie der Tagesablauf im Seminar sein würde.
Beim Abschied von den Eltern gab es bei meiner Mutter ein paar Tränen, waren doch auch Hans und Marianne erst vor einem Jahr von zu Hause ausgezogen.
Und das jetzt, das war ja kein Abschied wie bei einem Urlaub oder bei einer Fahrt für einige Tage. Die längste Zeit, die ich bisher von zu Hause weg war, waren die zehn Tage Tramp-Fahrt kurz zuvor oder die zwei Wochen, in denen ich vor zwei Jahren im Krankenhaus in Kastl wegen einer Nierensteinoperation lag.
Und jetzt nach Waldram.

Am 6. September fuhren mein Schwager mit seinem VW Käfer, mein Bruder und ich über München auf der B 11 nach Wolfratshausen. Während der ganzen Fahrt saß ich sehr nachdenklich und still auf dem Rücksitz. Mit Mühe hatte mein Gepäck, zwei große, ältere Koffer und eine Reisetasche, im Auto Platz gefunden. In München aßen wir in einem Gasthaus zu Mittag. Ich hatte gar keinen rechten Appetit.

Südlich von Wolfratshausen, zwei Kilometer weiter auf der B 11, dann der Ortsteil Waldram. Man konnte von hier die nahen Alpen sehen. Hier war 1937 in den Isarauen die Siedlung „Föhrenwald" gebaut worden. Von 1940 bis 1945 diente sie den Arbeitern der nahegelegenen Pulver- und Munitionsfabriken als Unterkunft. Nach dem Weltkrieg wurde „Föhrenwald" Auffanglager für heimatlose Ausländer. Dort lebten dann europäische, meist polnische Juden, die Überlebende des Holocausts waren. Erst ab 1955 zogen kinderreiche Familien und Heimatvertriebene ein. Seit 1957 befanden sich in einem Teil der ehemaligen Bauten Schule und Seminar St. Matthias.

Langsam fuhr mein Schwager durch die Siedlung, bog dann zur Kirche ein und hielt vor dem Verwaltungsgebäude. Der Jürgen aus Amberg war Gott sei Dank schon da. Wir luden mein Gepäck aus. Kurz darauf verabschiedeten sich mein Bruder und mein Schwager.

Danach bezog ich mein Zimmer. Was heißt hier Zimmer? In Amberg hatte ich ein eigenes, seit mein Bruder wenige Wochen nach meiner Schwester geheiratet hatte.

Doch hier in Waldram? Ein großer Raum im Erdgeschoss mit acht Schreibtischen. Daneben einer mit acht Betten. Die Schränke für die Bewohner mehrerer Gruppen waren in einem Extraraum am Ende des Gangs. Der Waschsaal für alle Seminaristen lag im ersten Stock. Im Keller gab es Duschen und Badewannen in eigenen Kabinen. Der Jürgen und ich waren im selben Zimmer untergebracht. Die anderen vier Amberger daneben. Erst wenn man im zweiten oder dritten Jahr hier war, wie der Gert, bekam man ein kleineres Zimmer zu viert, später zu zweit.

In den letzten vier Jahren hatte ich samstags frei gehabt. Jetzt war am Samstag von 8 bis 12.15 Uhr Unterricht. Bis Juli hatte ich als Angestellter verdient. Jetzt hatte ich wieder kein Geld.

Nach Amberg fahren durfte ich zum ersten Mal an den paar freien Tagen zu Allerheiligen. Das waren bis dahin acht Wochen.

Die Weihnachtsferien in Amberg genoss ich so richtig. Ausschlafen. Allein ein Zimmer. Mit Freunden im Lamm mal eine Halbe Bier trinken. Und an Silvester der Tanzabend im Jugendheim. Da traf ich viele wieder: den Anton und den Manfred, die Christa und die Monika. Mir gefiel das Tanzen. Mir gefielen das Lustigsein und die Begegnungen mit den Mädchen.

Nach den Ferien gestand ich dem Seminardirektor in Waldram, dass Pfarrer als Berufsziel für mich wohl nicht in Frage käme, und ich wollte wissen, ob ich Konsequenzen ziehen müsste.
Er beruhigte mich: „Jetzt machen Sie hier erst mal in Ruhe Ihr Abitur."

Inhalt

Friedrich Brandl im *lichtung verlag*

Friedrich Brandl: Ziegelgassler.
Eine Kindheit nach dem Krieg, 16 Illustrationen von Ina
Meillan, 2009, Klappenbroschur, 144 S., 12,80 Euro,
ISBN 978-3-929517-87-3
Amberg in den Jahren 1946 bis 1959: *Entstanden sind weder
verklärende „Lausbubengeschichten" noch sozialreportagen-
hafter Rundumschlag. Vielmehr changieren die Texte zwischen
leisem Humor und heftigem Erstaunen.* (Der Neue Tag)

Friedrich Brandl: Wieder am Bauzaun.
Eine Geschichte von Tränengas und Zärtlichkeit, 2010,
Klappenbroschur, 160 S., 13,80 Euro,
ISBN 978-3-929517-91-0
Lena und Christian engagieren sich im Widerstand gegen die
Atomfabrik, die Mitte der 1980er Jahre in der Oberpfalz ge-
baut werden sollte. Eine beispielhafte Geschichte der Politisie-
rung junger Menschen: *Der Roman ist kein Nostalgiebuch für
WAA-Veteranen. Es soll gerade jungen Leuten zeigen, „dass
man mit Beharrlichkeit, Kreativität und Gewaltfreiheit etwas
erreichen kann."* (Mittelbayerische Zeitung)

Friedrich Brandl: Meine Finga in deina Rind'n.
Gedichte, 1992, 3. Aufl. 2009, 64 S., 9,10 Euro,
ISBN 978-3-9802078-6-7

Friedrich Brandl: Flussabwärts bei den Steinen.
Gedichte, 2002, 2. Aufl. 2005, 64 S., 9,10 Euro,
ISBN 978-3-929517-59-0

*Friedrich Brandl hat sich als Lyriker einen Namen gemacht.
In seinen Gedichten hat er sich nicht nur als genauer Beob-
achter erwiesen, er hat auch in knapper Sprache Bilder voller
Stahlkraft geschaffen.* (Passauer Neue Presse)